JN412454

소그룹을 살리는 아이스브레이커

교회를 건강하게 성장하도록 돕는 도서출판 NCD

도서출판 NCD는 '자연적으로 성장하는 더 좋고 많은 교회 번식 운동'을 펼치고 있는 한국 NCD와 크리스천 코칭센터 및 이와 관련된 기관들의 사역을 문서로 지원하는 출판사입니다.

한국 NCD는 현재 전 세계 6대주 66개국 10,000교회 4,200만 자료로 검증된 설문 조사 자료를 토대로 하여 한국에서 8가지 질적 특성을 중심으로 교회의 건강을 진단할 뿐만 아니라 더 많은 교회들이 건강하게 세워질 수 있도록 지속적으로 자료 및 도구 제공, 훈련, 세미나, 컨설팅, 코치 사역, 세계 선교, 지역 및 정보 네트워크를 통해 사역하고 있는 국제적인 전문 사역 기관입니다.

소그룹을 살리는 아이스브레이커

정진우 지음

도서출판 NCD

여는 글

소그룹을 인도할 때의 고민은 어떻게 팀원들의 마음을 빨리 하나로 만들 것인가이다. 사람들이 소그룹에 올 때에는 각자 다양한 필요와 관심사를 가지고 온다. 따라서 소그룹을 인도하는 리더는 팀원들의 필요가 무엇인지, 관심사가 무엇인지를 아는 것이 무엇보다 중요하다. 소그룹 리더는 기존의 구성원이나 새로 온 팀원 모두를 포함하여 모임 때마다 그들의 마음을 쉽게 열도록 돕고, 자유롭고 편안한 분위기 속에서 팀원간의 관계가 활성화되도록 인도해야 한다. 이러한 관계 속에서 모든 구성원들이 자연스럽게 개개인의 필요와 관심사를 충족시킬 수 있도록 도와야 한다. 이를 위해 리더는 관계 형성과 친밀감 형성에 주력하게 되는데, 그것이 말처럼 쉽게 되지 않는다.

매번 같은 질문이나 같은 주제로 이야기를 진행하는 것도 한계가 있으며, 매회 다른 주제를 만들기 위해 자료를 수집하거나 연구하는 것도 용이하지 않다. 이와 같은 한계와 불편함을 해결하는 것이 이 책의 목표다. 이 책은 소그룹 리더들의 실질적인 고민을 덜어주기 위해 만들어졌다. 리더가 실제 모임에서 바로 사용할 수 있는 마음 문 열기의 주제들을 모아서 모임의 상황이나 소그룹의 성숙도에 따라 질문을 나누었고, 각 질문에 따라 모임을 어떻게 이끌어가는 것이 좋은지에 대해서 간략하게 안내하였다.

리더들은 팀원들을 잘 섬김으로써 그들의 영적인 성숙과 관계의 발전을 이룰 수 있도록 돕기 위해 많은 고민을 하고 기도하고 배운다. 농부가 흘리는 땀과 쏟아 붓는 사랑으로 풍성한 수확을 거두는 것처럼, 한 사람의 마음을 여는 일부터 화목한 소그룹을 만들고 새신자를 하나님께로 인도하는 일은 모두 리더의 기도와 눈물, 각고의 보살핌으로 이루어진다. 리더의 사랑과 정성 속에 팀원들과 소그룹이 발전할 때, 리더도 그들과 더불어 다음 단계로 성장한다. 이러한 과정을 통해 하나님은 리더와 팀원들을 그들의 형편과 속도에 맞추어 각각 영적인 성장의 길로 인도하신다.

세상의 다양한 가치와 문화에 길들여진 사람들을 하나님의 가치와 기독교의 문화로 연결하고, 그들이 하나님의 진정한 사랑을 경험하여 행복하고 건강한 삶을 살도록 돕기 원하는 모든 소그룹 리더들에게 이 책은 확실한 도움을 줄 것이다. 이 땅의 수많은 리더들이 이 책의 도움을 받아 더 활기차고 은혜로운 소그룹을 인도하여 풍성한 결실을 거두기를 기대한다!

주의 이름으로 사람들을 이끄는
모든 소그룹 리더들에게 격려의 박수를 보내며

정진우

이 책을 200% 활용하는 방법

- 소그룹이 처음 모여서 성장하고 갈등을 해결하며 또 다른 소그룹을 낳기까지의 과정을 여섯 단계로 나누어 단계별로 7개의 주요 질문이 묶여 있기 때문에 소그룹의 상황에 맞추어 해당 질문을 사용하면 된다.
- 각각의 질문을 어떤 경우에 어떤 목적으로 사용해야 할지 알고 싶으면 해당 설명을 보라.
- 주요 질문과 함께 사용할 수 있는 관련 질문이 곁들여져 있으므로 풍성한 나눔이 가능하다.
- 책에 수록된 질문 외에도 좋은 질문이 떠오를 경우 리더가 직접 메모할 수 있는 공간이 있다.
- 기질과 성향에 따라 크게 네 가지 유형의 사람들이 있다. 각 유형을 위한 설명과 질문이 7장에 실려 있으므로 리더는 팀원의 유형을 파악해 적절한 대화를 이끌어낼 수 있다.

Contents

믿는 사람은 모두 함께 지내면서, 모든 것을 공동으로 소유하고, 재산과 소유물을 팔아서, 모든 사람에게 필요한 대로 나누어 가졌다. 그리고 날마다 한 마음으로 성전에 열심히 모이고, 집마다 빵을 떼면서, 순수한 마음으로 기쁘게 음식을 먹고, 하나님을 찬양하였다. 그래서 그들은 모든 사람에게서 호감을 샀다. 주께서는 구원받는 사람을 날마다 더하여 주셨다.

*사도행전 2장 44~47절(표준새번역)

1장

서로 친해지기

이름에 담긴 뜻을 이야기하기 | 가고 싶은 여행지나 휴가 때 하고 싶은 일을 이야기해 보세요 | 이제껏 받았던 선물 중에서 가장 마음에 들었던 것은 무엇이었나요? | 당신의 꿈은 무엇인가요? | 당신이 베풀었던 친절 중에서 가장 기억에 남는 것은 무엇입니까? | 당신이 가장 좋아하는 활동을 이야기해 보세요 | 당신을 응원해 주는 사람은 누구입니까? 어떤 이야기를 들을 때 힘이 납니까?

question 1

이름에 담긴 뜻을 이야기하기

모임을 시작한 첫날에는 서로 아는 사람들도 있지만 모르는 사람들이 더 많기 때문에 어색한 분위기가 형성된다. 이때 흥겨운 찬양을 하면 화기애애한 분위기로 바꿀 수 있다. 무엇보다 서로 알아가는 것이 중요하기 때문에 자기소개 시간을 갖는 것이 좋다. 그런데 이름과 하는 일 정도만 나누면 쉽게 잊혀지기 때문에, 부모님이 그런 이름을 지어준 이유나 이름의 의미를 밝히는 시간을 가지면 상대방을 이해하고 기억하는 데 도움이 된다. 조금 더 재미있는 분위기를 만들고 싶다면 '자기소개하기' 라는 게임으로 즐거운 시간을 만들 수 있다(자기소개하기 게임-부록 참조).

관 · 련 · 질 · 문

- 이제까지의 별명 중 마음에 드는 것이 있습니까? 이유는 무엇입니까?
- 어떤 옷을 가장 즐겨 입습니까?
- 당신을 잘 나타내는 명언이나 구절은 무엇입니까?
- 다른 사람들이 당신의 장점은 무엇이라고 말합니까?
- 이 소그룹에 기대하는 것이나 얻기 원하는 것은 무엇입니까?
- 당신을 상징하는 동물이 있다면 어떤 동물을 선택하겠습니까?

내 · 가 · 만 · 드 · 는 · 질 · 문

question 2

가고 싶은 여행지나 휴가 때 하고 싶은 일을 이야기해 보세요

아직은 서로에게 어색함을 느낄 수 있기 때문에 가벼운 이야기로 모임을 시작한다. 부담 없는 주제부터 대화를 시작하면 팀원들이 서로에게 다가가기가 편하다. 이 질문은 앞으로 있을 기분 좋은 계획들을 이야기하면서 팀원들의 경직된 마음을 풀어주기 위한 것이다. 짝을 지어 서로의 계획을 나누도록 하되, 대화를 마친 후에는 리더가 팀원을 지목하여 상대방이 어떤 이야기를 했는지 들려주는 형식으로 진행해도 좋다. 이 질문이 한참 후의 계획을 이야기하는 것이라고 느껴진다면 '이번 주에 꼭 하고 싶은 일은 무엇인가요' 라는 질문으로 바꾸어도 괜찮다.

관 · 련 · 질 · 문

- 지금까지의 여행 중에서 가장 인상적이었던 때는 언제였나요?
- 다른 사람에게 소개해 주고 싶은 여행지나 장소를 이야기해 주세요.
- 여행 중에 재미있었던 에피소드를 하나만 이야기해 주세요.
- 휴일에 보통 어떤 일을 하며 시간을 보내나요?
- 돌아오는 휴일을 더 즐겁고 알차게 보내는 방법은 무엇입니까?
- 여행을 통해 얻은 유익에는 무엇이 있습니까?

내 · 가 · 만 · 드 · 는 · 질 · 문

question 3

이제껏 받았던 선물 중에서 가장 마음에 들었던 것은 무엇이었나요?

일상생활의 즐거움을 나눌 수 있는 질문이다. 리더의 의도에 따라 선물의 의미를 설명해 주고 시작하면 팀원들이 대답하기가 한결 쉬울 것이다. 단답형으로 끝나지 않도록 왜 마음에 들었는지, 누구에게 받은 선물인지를 적절하게 질문해도 좋다. 하나님이 주신 선물과 친구나 가족에게 받은 선물을 구분해서 질문해도 다양한 이야기를 주고받을 수 있다. 자연스럽게 관련질문을 활용해도 좋다. 이 질문을 마치고 한주간 서로를 위해 기도하고 문자도 보낼 수 있는 마니또 게임을 실시하여 팀원들이 서로를 알아갈 수 있는 시간을 마련한다.

관 · 련 · 질 · 문

- 주고 나서 가장 기분 좋았던 선물은 무엇이었나요?
- 하나님이 지금 한 가지 소원을 들어주신다고 할 때 구하고 싶은 것은 무엇인가요? 이유는 무엇입니까?
- 당신의 삶은 누구를 위한 선물이라고 생각하나요?
- 하나님이 당신에게 주신 은사는 무엇인가요?
- 하나님이 당신에게 주신 선물을 어떻게 누리고 싶습니까?
- 가장 맛있게 먹었던 음식을 소개하고 그 음식을 먹을 때 생각한 사람을 이야기해 주세요.

내 · 가 · 만 · 드 · 는 · 질 · 문

question 4

당신의 꿈은 무엇인가요?

'꿈' 이란 말에는 '이루고 싶은 것' 이라는 뜻도 있지만, '하나님이 주신 비전' 이라는 의미도 담겨 있다. 사회적으로 성공하는 것에 대하여 이야기할 수도 있지만, 꿈의 범위를 '하나님께서 나를 통해 이루시고자 하는 것' 으로 확장한다면 신앙적으로 더 유익할 것이다. 그러나 신앙의 성숙도에 따라 꿈의 내용이 다를 것이므로, 리더는 팀원들이 자신의 이야기를 편하게 나눌 수 있도록 배려한다. 누가 어떤 꿈을 이야기하든지 꿈을 가지고 있다는 사실 자체가 소중하다는 점을 설명하고, 궁극적으로 예수님처럼 나의 꿈이 아니라 하나님의 꿈을 구하면 좋겠다고 마무리한다.

관 · 련 · 질 · 문

- 지금 애정을 쏟고 있는 일이 있나요? 어떤 일인가요?
- 당신은 어렸을 때 어떤 공부를 하고 싶었습니까?
- 당신이 최근에 최선을 다했던 것은 무엇입니까?
- 꿈이 무엇이며, 그 꿈을 이루는 방법은 무엇인가요?
- 당신은 10년 후 어디에 있을 것이라고 생각합니까?
- 당신이 꿈을 완전히 이룬 모습은 어떤 것인가요?

내 · 가 · 만 · 드 · 는 · 질 · 문

question 5

당신이 베풀었던 친절 중에서 가장 기억에 남는 것은 무엇입니까?

그리스도인으로서 행할 수 있는 친절, 봉사, 나눔에 대해서 생각하게 하는 질문이다. 이 질문을 통해 자신이 베푸는 친절이 어떤 동기에서 비롯된 것이었는지 생각할 수 있고, 다른 팀원들의 이야기를 들으면서 자신이 할 수 있는 봉사에 대해 영감을 받을 수 있다. 그리고 서로의 좋은 점을 나누면서 서로에 대한 긍정적인 이미지를 쌓을 수 있다. 누구에게나 단점이 있지만, 단점보다는 장점을 나누는 시간을 갖는 것이 중요하다. 장점을 나누다 보면 서로를 칭찬하는 분위기가 형성되고, 서로 칭찬하는 분위기가 만들어지면 함께하는 즐거움과 모임의 의미가 깊어진다.

관 · 련 · 질 · 문

- 지금까지 들었던 칭찬 가운데 최고의 칭찬은 무엇이었습니까?
- 당신은 주위 사람들에게 어떤 사람으로 불리고 싶습니까?
- 옆에 있는 사람의 '매력'을 설명해 주세요.
- 대가 없이 기쁘게 할 수 있는 봉사는 무엇입니까?
- 다른 사람들의 장점을 파악하는 당신의 비법은 무엇입니까?
- 당신이 쉽게 잘하는 칭찬의 말은 무엇입니까?

내 · 가 · 만 · 드 · 는 · 질 · 문

question 6

당신이 가장 좋아하는 활동을 이야기해 보세요

리더는 이 질문을 통해 팀원들의 기호를 파악하고 앞으로 야외활동을 할 때 참고할 수 있다. 가령, 실내에서 다양한 이야기를 나누고 야외로 나가도 좋고, 처음부터 소풍이나 자전거 타기 등의 활동을 계획해도 좋다. 사회생활을 하면서 지친 몸과 마음을 달래기 위해서는 자연 속에서 편안하게 휴식을 취하는 시간을 가지는 것이 필요하다. 팀원들 각자의 선호도와 개성이 다르기 때문에 이 질문을 통해서 팀원들의 성향을 파악하면, 앞으로의 모임을 계획하는 데 큰 도움이 될 것이다. 실내에서만 모임을 갖기보다는 가끔씩 야외에서 즐거운 시간을 갖도록 해보자.

관·련·질·문

- 일하거나 공부를 하지 않을 때 어디에 가장 많은 시간을 사용합니까?
- 당신이 좋아하는 찬양곡과 CCM 가수는 누구입니까?
- 당신이 가장 잘하는 요리는 무엇입니까?
- 시간의 여유가 있을 때 가보고 싶은 곳은 어디입니까?
- 당신이 사람들과 함께 즐겁게 시간을 보낼 수 있는 방법은 무엇입니까?
- 당신이 즐겨 하는 운동은 무엇입니까?

내·가·만·드·는·질·문

question 7

당신을 응원해 주는 사람은 누구입니까? 어떤 이야기를 들을 때 힘이 납니까?

이 질문의 목표는 하나님께서 만나게 해주신 좋은 사람들을 기억하는 시간을 가져보는 것이다. 또한 이 질문을 통해 팀원들이 어떤 환경에서 지내는지 조금은 엿볼 수 있는 시간이 될 것이다. 팀원들의 특성을 완전하게 알 수는 없지만, 리더는 팀원들의 반응과 현재 상태가 어떠한지 알기 위해 세심하게 노력할 필요가 있다. 리더는 이 질문에 대한 팀원들의 대답을 듣고, 각자에게 필요한 이야기를 적절하게 해줄 수 있다. 또한 팀원들도 서로의 개성을 파악해서 서로에게 힘이 되는 이야기를 해준다면, 서로가 서로에게 좋은 사람으로 각인될 수 있을 것이다.

관 · 련 · 질 · 문

- 당신이 좋은 일을 했을 때 누구에게 칭찬받고 싶습니까?
- 당신에게 힘과 격려를 주는 말은 무엇입니까?
- 당신이 좋아하는 친구에게 어떻게 응원과 칭찬을 합니까?
- 과거에 당신이 받은 선물 중 당신을 가장 기쁘게 한 선물은 무엇입니까?
- 어떻게 스스로 자신을 격려하고 칭찬합니까?
- 당신은 어떤 친구에게 고마움을 느낍니까?

내 · 가 · 만 · 드 · 는 · 질 · 문

우리의 주님이시며 구주이신 그리스도 예수의 은혜 안에서, 그리고 그분을 아는 지식 안에서, 여러분이 자라나기를 빕니다. 이제도 영원한 날까지도 영광이 주님께 있기를 빕니다. *베드로후서 3장 18절(표준새번역)

2장

영적으로 깊어지는 단계

당신에게 익숙한 습관 가운데 바꾸고 싶은 게 있다면 무엇일까요? | 다른 사람들이 당신을 어떻게 봐주기를 바랍니까? | 당신은 스트레스를 받으면 어떤 증상이 나타납니까? | 당신의 생애 가운데 가장 감사하게 생각하는 것은 무엇입니까? | 최근에 누군가에게 "사랑해요"라고 말했던 적은 언제였습니까? | 앞으로 1년 동안 추진하고 싶은 것은 무엇인가요? | 당신의 우상은 무엇입니까?

question 1

당신에게 익숙한 습관 가운데 바꾸고 싶은 게 있다면 무엇일까요?

영적으로 깊어지는 단계에 들어서기 위해서는 팀원들 각자가 자신을 드러내는 시간을 가져야 한다. 바꾸고 싶은 습관을 말해 보라고 하면 대부분 공통된 이야기를 할 수도 있다. 가령, 경청이 약하다든가, 미루는 습관이 있다든가, 누구나 고민하는 이야기를 할 수 있다. 하지만 자신만이 가진 독특한 습관에 대해서 이야기할 수도 있다. 팀원들이 어떤 습관을 말하든지, 리더는 피상적인 차원에 머물지 않도록 자신의 습관을 깊이 있게 나눌 필요가 있다. 좋지 않은 습관을 극복한 성공담을 나누면 더욱 유익한 시간이 될 것이다.

관 · 련 · 질 · 문

- 당신에게 가장 충동적인 습관은 무엇입니까? 그것을 고치기 위해서 어떤 노력을 하고 있습니까?
- 버리고 싶은 습관이 있다면 그것은 무엇이며 왜 그렇습니까?
- 다른 사람으로부터 충고를 받았을 때, 당신은 어떤 반응을 보입니까?
- 새로운 습관을 만든다면 그것은 무엇입니까?
- 습관을 고치는 데 성공한 경험을 나누어주세요.
- 당신만의 좋은 습관은 무엇입니까?

내 · 가 · 만 · 드 · 는 · 질 · 문

question 2

다른 사람들이 당신을 어떻게 봐주기를 바랍니까?

리더가 이 질문을 하면 팀원들은 대부분 '좋게 봐주기를 바란다' '존경받는 사람이고 싶다' 등으로 대답할 것이다. 다른 사람에게 인식시키고 싶은 자신의 이미지는 어떤 것인지, 또한 자신이 좋아하거나 존경하는 사람의 특징이 무엇인지를 들어보면 그 사람 자신의 리더십 스타일이나 강점을 알 수 있다. 왜냐하면 사람들은 자신의 내면에 가지고 있는 특징과 비슷한 사람을 좋아하고 존경하기 때문이다. 그러나 반대되는 사람을 대하는 것은 싫어한다. 이 질문으로 팀원들이 스스로를 새롭게 인식할 수 있고, 리더는 팀원들의 특징을 파악할 수 있다.

관 · 련 · 질 · 문

- 다른 사람들이 당신을 어떤 사람으로 봐주기를 바랍니까?
- 당신이 존경하는 사람은 누구이며 그 사람의 특징은 무엇입니까?
- 당신의 리더십 스타일을 한마디로 표현한다면 무엇입니까?
- 당신이 자기소개를 할 때 강조하고 싶은 것은 무엇입니까?
- 당신이 들은 말 중에서 싫었던 말은 무엇입니까?
- 하나님은 당신을 어떻게 바라보고 계실까요?

내 · 가 · 만 · 드 · 는 · 질 · 문

question 3

당신은 스트레스를 받으면 어떤 증상이 나타납니까?

팀원들이 자신을 되돌아보는 시간을 가질 수 있고, 다른 사람의 이야기를 들으면서 서로에게 동질감을 느낄 수 있게 하는 질문이다. 리더는 팀원들이 자유롭게 이야기할 수 있도록 스트레스 증상에 대해 옳고 그름을 판단하지 않는다. 다만 스트레스를 어떻게 해소하는지 질문해서 좋은 방법을 공유케 한다. 리더가 스트레스를 해결하는 다양한 방법을 소개하면 팀원들의 일상생활에 도움을 줄 수 있을 것이다. 모임을 마치며 팀원들이 스트레스를 지혜롭게 해소하고 삶 속에서 기쁨을 누리는 그리스도인이 되도록 기도한다.

관 · 련 · 질 · 문

- 당신은 어떤 상황에서 스트레스를 느낍니까?
- 스트레스를 받으면 어떤 방법으로 해결을 하나요?
- 무엇이 당신을 화나게 만듭니까?
- 당신이 싫어하는 일은 무엇입니까?
- 스트레스를 받지 않는 방법은 무엇일까요?
- 당신이 집착하는 것은 무엇입니까?

내 · 가 · 만 · 드 · 는 · 질 · 문

question 4

당신의 생애 가운데 가장 감사하게 생각하는 것은 무엇입니까?

이 질문을 통해서 팀원의 최근 영적 상태를 확인할 수 있다. 건강한 신앙을 가지고 있는 사람은 환경에 구애됨 없이 감사할 수 있다. 사실 살아서 숨쉬고 있는 매순간이 감사의 조건이지만 우리는 이 점에 대해 무감각해질 때가 많다. 이 질문은 일차적으로 팀원들로 하여금 매우 행복했던 순간을 떠올리게 하는데, 궁극적인 목적은 우리를 눈동자처럼 보호하시는 하나님을 깨닫게 하는 것이다. 리더는, 팀원들이 과거의 사건만을 나누는 데 그치지 않고 항상 우리와 함께하시는 하나님을 생각할 수 있도록 관련된 성경구절을 준비하면 큰 도움이 될 것이다.

관 · 련 · 질 · 문

- 당신에게 가장 많은 영향을 준 책은 무엇입니까?
- 당신의 인생에서 가장 지혜로운 결정은 무엇입니까?
- 당신은 언제 기쁨을 느낍니까?
- 당신이 현재 감사한 일 열 가지를 이야기해 주세요.
- 당시에는 괴롭고 힘들었지만 지나고 나니 감사하게 생각되는 일이 있습니까?
- 감사한 마음이 들 때 하고 싶은 것은 무엇입니까?

내 · 가 · 만 · 드 · 는 · 질 · 문

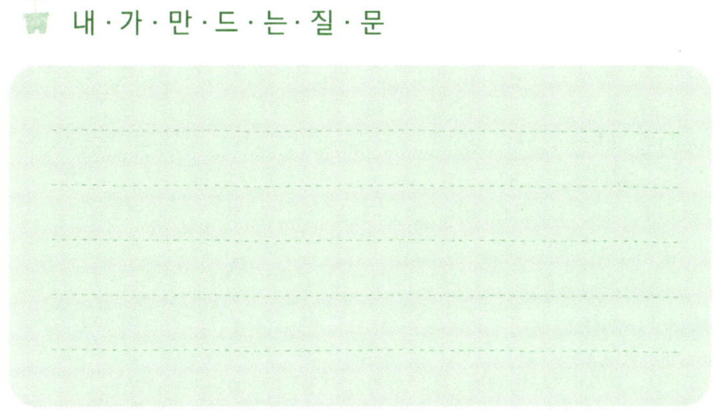

question 5

최근에 누군가에게 "사랑해요" 라고 말했던 적은 언제였습니까?

이 질문은 사랑에 대해 우리가 가지고 있는 생각들을 정리할 수 있게 한다. 연인이나 배우자뿐 아니라 친구나 가족에게 사랑한다는 이야기를 얼마나 자주 하는지 되돌아보면서, 사랑의 의미를 되새기는 시간을 가져본다. 나아가 사랑을 표현하는 각자의 방식에 대한 이야기로 대화를 확장시켜도 좋다. 사람들은 저마다 사랑을 표현하는 방식을 갖고 있기 때문에 다른 사람이 표현한 사랑을 오해하는 경우가 흔하다. 반대로 자신의 사랑을 다른 사람에게 온전히 전하지 못할 수도 있다. 결론적으로 인간을 사랑한 예수님의 방식에 대한 이야기로 나눔을 마무리한다.

관 · 련 · 질 · 문

- 당신이 순수하게 사랑하는 사람은 누구입니까?
- 당신은 어떤 방법으로 효도하고 있습니까?
- 주변 사람들의 힘이 발휘되려면 어떤 성원을 보내야 합니까?
- 사랑하는 마음을 전하고 싶은 사람 3명을 꼽는다면?
- 가족에게 사랑을 전할 수 있는 행동 10개는 무엇입니까?
- 사랑을 쉽게 전달할 수 있는 당신의 표현방법은 무엇입니까?

내 · 가 · 만 · 드 · 는 · 질 · 문

question 6

앞으로 1년 동안 추진하고 싶은 것은 무엇인가요?

이 질문은 1년이라는 구체적인 기한을 정해놓고 어떤 노력을 하여 어떤 발전을 이루고 싶은지 묻는 질문이다. 삶의 계획을 구체적으로 세우되 시한을 정해놓는 것은 매우 중요하다. 이 질문을 통해서 팀원들의 계획을 들어보고 그것이 반드시 이루어지도록 함께 기도한다. 하지만 리더가 잊지 말아야 할 점은, 인생의 주관자는 하나님이며 인간이 계획을 세울지라도 그것을 이루시는 분은 하나님임을 분명히 하는 것이다. 하나님이 인생의 주인이라는 사실을 받아들일 때, 우리는 목표를 이루기 위해 최선을 다하면서도 결과를 하나님께 맡길 수 있는 믿음을 가질 수 있다.

관 · 련 · 질 · 문

- 1년 안에 당신이 꼭 이루고 싶은 것은 무엇입니까?
- 당신의 목표는 측정 가능합니까?
- 시간이 많이 남는다면 무엇에 그리고 어디에 집중하겠습니까?
- 당신의 목표를 이룰 수 있도록 옆에서 지지해 주고 점검해 줄 수 있는 사람은 누구입니까?
- 어떤 상태가 되면 목표가 달성되었다고 말할 수 있습니까?
- 당신이 목표를 달성할 수 있는 방법은 무엇입니까?

내 · 가 · 만 · 드 · 는 · 질 · 문

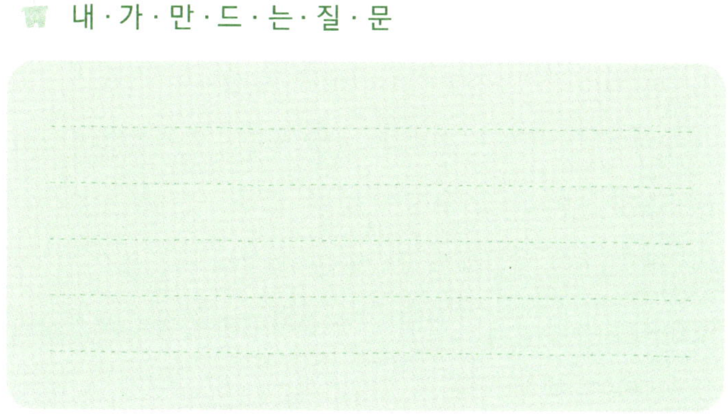

question 7

당신의 우상은 무엇입니까?

영적으로 어느 정도 깊어진 시점에서 물어볼 수 있는 질문이다. 팀원들은 삶의 여러 부분을 이미 나눴기 때문에 이 질문에 답하는데 거리낌을 갖지는 않을 것이다. 다만 리더는 우상의 정의와 그 영역에 대해서 다시 한 번 설명한다. 한마디로, 하나님보다 더 중요하게 여기는 것이 우상이다. 일이나 물건, 또는 좋아하는 연예인이나 이성친구, 심지어 자녀도 우상이 될 수 있다. 팀원들이 자신의 우상에 대하여 세심하게 생각할 수 있도록 시간을 주고, 리더가 자신의 우상에 대하여 먼저 솔직하게 이야기하면 깊이 있는 나눔이 될 것이다.

관 · 련 · 질 · 문

- 당신의 과거를 바꿀 수 있다면 무엇을 바꾸겠습니까?
- 당신이 NO라고 말하고 싶은 일은 무엇입니까?
- 당신의 머릿속을 정리할 때 우선 없애고 싶은 것은 무엇입니까?
- 당신의 인생에서 없으면 불안해지는 것은 무엇입니까?
- 당신이 고통스럽고 불안할 때 하나님 외에 의지하는 것은 무엇입니까?
- 당신의 가치를 올려주지는 않지만 많은 시간을 쏟게 되는 것은 무엇입니까?

내 · 가 · 만 · 드 · 는 · 질 · 문

마지막으로, 형제자매 여러분, 무엇이든지 참된 것과, 무엇이든지 경건한 것과, 무엇이든지 옳은 것과, 무엇이든지 순결한 것과, 무엇이든지 사랑스러운 것과, 무엇이든지 명예로운 것과, 또 덕이 되고 칭찬할 만한 것을, 이 모든 것을 여러분은 골똘히 생각하십시오. 그리고 여러분은 나에게서 배우고 받고 듣고 본 것들을 실천하십시오. 그리하면 평화의 하나님께서 여러분과 함께 계실 것입니다. *빌립보서 4장 8~9절(표준새번역)

3장

성장하고 축복하는 관계로 발전하기

당신의 인생에서 가장 중요했던 순간을 말해 보십시오 | 어려움에 직면할 때마다 어떤 현상이 일어나고 어떻게 실패하고 어떻게 극복하나요? | 당신의 성격 중에서 하나님께서 변화시키고 계신 부분은 무엇입니까? | 당신은 하나님을 온전히 신뢰한 적이 있습니까? | 당신이 생각하는 천국은 어떤 모습입니까? | 다른 사람을 섬기면서 기쁨을 맛본 적이 최근에 있습니까? | 이번 달에 한 사람을 위해 기도한다면 얼마나 많은 시간을 투자하겠습니까?

question 1

당신의 인생에서 가장 중요했던 순간을 말해 보십시오

조금 더 깊이 자신의 속마음을 나눌 수 있는 시간을 가지는 것이 목적이다. 인생의 터닝포인트가 언제였는지 이야기해도 좋고, 충격적이었던 사건을 이야기해도 좋다. 이 질문이 막연하다면 '당신의 인생에서 가장 많은 영향을 끼친 사람은 누구입니까?' 라는 질문으로 대화를 나누어도 된다. 단, 예수님이나 자신을 전도한 사람은 제외하고 다른 사람을 이야기하도록 한다. 어떤 질문을 사용하든지 현재의 자신을 가능케 한 사건이나 사람이, 사실은 하나님의 섭리요 손길이었음을 깨닫는 것이 중요하다. 아울러 팀원들이 그와 같은 선한 영향을 끼칠 수 있도록 기도한다.

관·련·질·문

- 당신은 누구를 위해서 또 무엇을 위해서 살아가고 있습니까?
- 당신에게 성공이란 단어의 의미는 무엇입니까?
- 도움을 주고받을 수 있는 동역자가 있습니까? 그 사람은 누구이며 어떻게 만났습니까?
- 당신의 인생에서 잊혀지지 않는 사건은 무엇이고 잊혀지지 않는 사람은 누구입니까? 왜입니까?
- 현재 당신의 인생에서 중요한 사건은 무엇입니까?
- 오늘의 당신을 만들어준 사건은 무엇입니까?

내·가·만·드·는·질·문

question 2

어려움에 직면할 때마다 어떤 현상이 일어나고 어떻게 실패하고 어떻게 극복하나요?

실패에는 여러 가지가 있다. 대학입학에 실패했거나, 자전거를 배우는 데 실패했거나, 아니면 3개월간의 성경통독에 실패한 이야기를 할 수도 있다. 중요한 것은 실패를 어떻게 극복했느냐이다. 실패란 존재하지 않으며 오직 배움의 과정이 있을 뿐이라는 사실을 깨닫는다면 팀원들은 위로와 용기를 얻을 수 있다. 또한 실패에도 불구하고 모든 것이 합력하여 선을 이루시는 하나님의 은혜를 나눈다면 팀원들의 믿음을 굳게 세울 수 있다. 실패로 인해 괴로워하는 팀원이 있을 경우 그를 위해 뜨겁게 기도하는 시간을 가지면서 자연스럽게 기도의 모임으로 전환한다.

관 · 련 · 질 · 문

- 삶에서 가장 두려워하는 것은 무엇인가요? 왜 그런가요?
- 가장 견디기 힘들었던 실패는 무엇이며 어떻게 극복했나요?
- 과거의 실패했던 때의 당신에게 지금 어떤 말로 용기를 주고 싶은가요?
- 당신의 미래의 상황을 하나의 사진으로 표현한다면?
- 당신에게 실패란 어떤 의미인가요?
- 당신에게 도전이란 어떤 의미인가요?

내 · 가 · 만 · 드 · 는 · 질 · 문

question 3

당신의 성격 중에서 하나님께서 변화시키고 계신 부분은 무엇입니까?

팀원들은 하나님을 믿는 그리스도인들로서 이 질문을 통해 다시금 신앙에 대한 본질적인 문제의식을 갖게 될 것이다. 이미 하나님께서 고쳐주신 부분을 이야기해도 좋고, 지금 하나님께서 변화시키고 있는 부분을 이야기해도 좋다. 이런 문제들은 대개 회사나 가정에서 갈등을 빚으며 표면화되기 마련이다. 하나님께서 왜 자신의 성격 중에서 그 부분을 다루고 계시는지 아는 것이 중요하다. 이 질문에 대해 스스로 답을 찾아가는 동안 팀원들은 하나님의 뜻이 어디에 있는지 발견할 수 있고, 변화의 과정을 견뎌낼 힘을 얻게 될 것이다.

관 · 련 · 질 · 문

- 최근에 하나님이 당신에게 새롭게 깨달음을 주신 것은 무엇인가요?
- 최근에 하나님께서 당신을 어떻게 사용하고 계십니까?
- 잘못을 깨달았을 때 어떻게 합니까?
- 하나님이 당신을 어떻게 변화시키기를 원하십니까?
- 하나님이 함께하신다는 것을 언제 느끼십니까?
- 당신은 힘든 순간을 하나님의 도움으로 어떻게 이겨냈는지 말해 주세요.

내 · 가 · 만 · 드 · 는 · 질 · 문

question 4

당신은 하나님을 온전히 신뢰한 적이 있습니까?

어떤 상황에서 무엇을 계기로 자신을 하나님께 맡기게 되었는지 허심탄회하게 이야기를 나눈다. 누군가를 믿는다는 것은 그 사람이 하는 말을 믿는 것이다. 부모를 믿는다고 하면서도 부모의 말을 믿지 않는다면 실제로는 부모를 믿지 않고 있는 것이다. 마찬가지로 하나님을 믿는다고 하면서 하나님의 말씀을 믿지 않으면 사실상 하나님을 믿는 것이 아니다. 따라서 리더는 현실적으로 믿음을 갖기 어려운 상황이었음에도 불구하고 하나님의 말씀에 의지해 하나님을 믿었던 경험을 나누어야 한다. 또 그런 믿음을 통해 삶에 어떤 변화가 있었는지 이야기한다.

관 · 련 · 질 · 문

- 교회에서 직분을 맡거나 회사에서 일을 맡을 때 어떻게 반응합니까?
- 말씀묵상을 통해 깨달은 것은 무엇입니까?
- 내 힘으로 도저히 감당하지 못할 일이 있습니까? 하나님께 그 문제를 놓고 기도하고 있습니까?
- 성경말씀이나 설교말씀이 이해되지 않을 때 어떻게 합니까?
- 당신에게 성경을 믿는다는 것은 어떤 가치이며 의미입니까?
- 말씀묵상을 통해 깨달은 것이 있다면 나누어주세요.

내 · 가 · 만 · 드 · 는 · 질 · 문

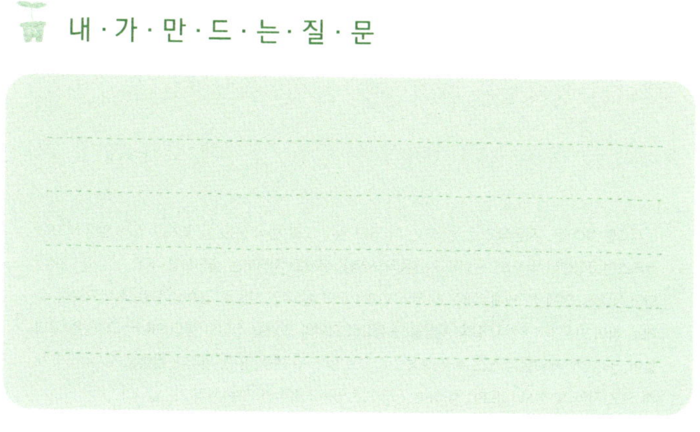

question 5

당신이 생각하는 천국은 어떤 모습입니까?

이 질문은 천국에 대한 소망을 되돌아보게 한다. 그리고 죽음을 바라보는 시각이 새로워지게 하는 계기를 마련해 준다. 할 일 많고 복잡한 세상 속에서 눈앞의 것에만 집중하며 살아가는 우리는 이 질문을 통해 하나님의 자녀라는 정체성을 재확인할 수 있다. 그리고 우리가 어디에 소망을 두고 살아가야 할지 다시 생각해 보게 한다. 그리스도인이라면 죽음을 두려움의 대상이 아니라 천국으로 가는 관문으로 바라보아야 한다. 이러한 죽음에 대한 시각 조정은 천국의 소망이 있을 때 가능하다는 점에서 이 질문은 중요하다.

관 · 련 · 질 · 문

- 죽음 후 당신은 어떻게 될 것 같습니까?
- 삶의 어느 부분에서 천국을 느끼고 있습니까?
- 당신은 죽은 후 어떤 사람으로 기억되기를 원합니까?
- 당신이 천국에 가기 전까지 이 세상에 기여하고 싶은 것은 무엇입니까?
- 현재의 삶에서 천국을 경험하기 위한 방법은 무엇입니까?
- 당신이 생각하는 천국의 생활은 어떤 모습입니까?

내 · 가 · 만 · 드 · 는 · 질 · 문

question 6

다른 사람을 섬기면서 기쁨을 맛본 적이 최근에 있습니까?

섬기는 삶에 대해 생각할 수 있는 질문이다. 섬김을 말하기는 쉽지만 실제로 섬김을 실천하는지 질문해 보면 대답하지 못하는 경우가 많다. 많은 그리스도인들이 교회에서 봉사하는 일로 섬김의 의무를 다했다고 생각한다. 하지만 진정한 섬김은 죽어가던 사람을 구해준 선한 사마리아인처럼 아무런 상관없는 낯선 이웃을 보살피는 데까지 나아가는 것이다. 성경을 찾아보며 섬김의 본을 보여주었던 인물들을 찾아보는 것도 좋은 방법이다. 리더는 규모가 큰 일을 하는 것만이 섬김은 아니며 작은 일이라도 행하는 것이 중요함을 강조한다.

관 · 련 · 질 · 문

- 다른 사람을 위해 한 일을 되돌아볼 때 가장 의미 있는 일은 무엇입니까?
- 당신은 평소에 어떤 방식으로 다른 사람들을 섬기고 있습니까?
- 아무런 보상없이 다른 사람들을 섬긴 후의 느낌은 어떻습니까?
- 당신은 어떤 종류의 섬김에 참여하고 싶습니까?
- 당신이 다른 사람을 도울 수 있는 자원이나 기술은 무엇입니까?
- 누군가에게 도움을 주면서 보상을 원할 때와 그렇지 않을 때의 당신의 태도는 어떻게 다릅니까?

내 · 가 · 만 · 드 · 는 · 질 · 문

question 7

이번 달에 한 사람을 위해 기도한다면, 얼마나 많은 시간을 투자하겠습니까?

팀원들의 기도생활을 점검할 수 있는 질문이다. 또한 중보기도의 중요성을 환기시킬 수 있는 질문이기도 하다. 하나의 소그룹 공동체에 속해 있다면 영적인 가족이므로 서로서로 기도해 주어야 할 책임이 있다. 우선 리더가 다른 사람을 위해 기도한 뒤 응답받은 경험을 나누면서 자연스럽게 기도에 대한 이야기를 이끌어갈 수 있다. 또는 팀원 중에서 그런 경험이 있는 사람이 있는지 물어보고 그의 간증을 들어보는 것도 괜찮다. 아울러 일상 속에서 얼마나 하나님과 교제하는 시간을 갖고 있는지 팀원들이 스스로 점검하고 분발할 수 있도록 격려한다.

관 · 련 · 질 · 문

- 얼마나 자주 교회와 영적 지도자 그리고 나라의 지도자를 위해 기도하고 있습니까?
- 당신은 어떤 상황에서 하나님의 임재를 느낍니까?
- 당신이 꾸준히 기도하려고 할 때 방해되는 것은 무엇입니까?
- 다른 사람의 기도 덕분에 문제를 해결한 경험이 있습니까? 있다면 그 경험을 이야기해 주세요.
- 원수를 위해 기도한 적이 있습니까?
- 기도로 변화된 부분이 있다면 이야기해 주세요.

내 · 가 · 만 · 드 · 는 · 질 · 문

그리스도께서는 신적 권능으로 우리에게 생명과 경건에 이르게 하는 모든 것을 주셨습니다. 그것은 우리가, 자기의 영광과 덕으로써 우리를 불러 주신 분을 알았기 때문입니다. 그분은 그 영광과 덕으로, 귀중하고 아주 위대한 약속들을 우리에게 주셨습니다. 그것은 이 약속들로 말미암아, 여러분이 세상에서 정욕 때문에 부패하는 사람이 아니라 신적 성품에 참여하는 사람이 되게 하시려는 것입니다. *베드로후서 1장 3~4절(표준새번역)

4장

상처 있는 사람들에게 다가가기

당신이 참고 있는 일은 무엇입니까? 왜 참고 있나요? | 당신은 부모님과 친밀한 관계를 맺고 있습니까? | 당신은 자기 감정을 말로 잘 표현하는 편입니까? | 최근에 당신에게 용기를 주었던 글이 있습니까? | 당신이 용서해야 할 사람은 누구입니까? | 예수님의 십자가가 당신에게 어떤 의미가 있는지 이야기해 보세요 | 사랑받는다고 느낄 때 어떤 기분이 듭니까? 하나님의 사랑을 생각하면 어떻습니까?

question 1

당신이 참고 있는 일은 무엇입니까? 왜 참고 있나요?

상처 입은 사람들에게 다가가기 위해서는 조심스러울 필요가 있다. 작은 일에 예민하게 반응할 뿐만 아니라 농담도 냉소적으로 받아들일 수 있기 때문이다. 이런 질문은 어느 정도 신뢰관계가 형성된 후에 하는 것이 좋다. 사람들은 서로에 대한 믿음이 있어야 고민뿐 아니라 자신의 아픔을 내보인다. 사람들이 아픔을 내놓는다면 그 순간부터 치유가 시작된다. 리더는 하나님이 우리를 성장시키시기 위해 주변 사람들을 사용하고 계심을 인식하도록 도와야 한다. 하나님은 그들이 치유되는 과정을 통해서 소그룹 전체에 은혜를 부어주실 것이다.

관 · 련 · 질 · 문

- 하나님의 긍휼이 무엇이라고 생각합니까? 그런 긍휼을 언제 느껴봤습니까?
- 하나님이 우리를 성숙으로 이끄시는 방법은 무엇입니까?
- 당신은 어떤 기대가 무너졌을 때 실망합니까?
- 하나님은 영적 성숙을 위해 주변 사람을 어떻게 사용하십니까?
- 하나님의 성품을 닮아가기 위해 어떤 노력을 하고 있습니까?
- 인내를 통해 당신에게 변화된 부분이 있다면 이야기해 주세요.

내 · 가 · 만 · 드 · 는 · 질 · 문

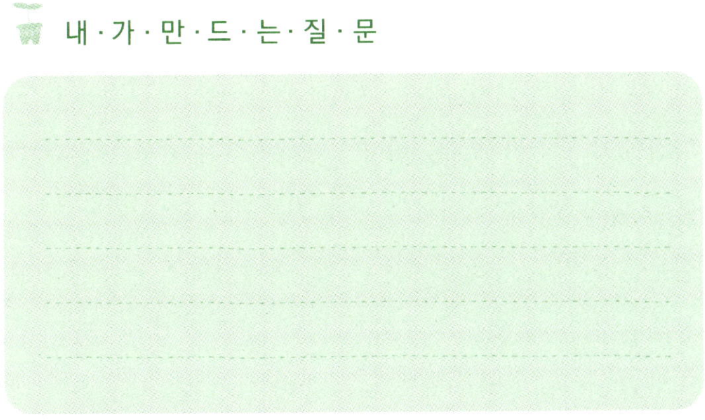

question 2

당신은 부모님과 친밀한 관계를 맺고 있습니까?

마음에 상처가 있는 사람들은 주위 사람들과 관계를 잘 맺지 못하거나 건강한 관계를 유지하지 못할 가능성이 크다. 특히 부모로부터 상처입은 사람들은 부모와의 관계를 해결해야 타인과의 관계뿐만 아니라 하나님과의 관계도 새롭게 할 수 있다. 그런 사람들은 부모의 모습을 하나님에게 투영하기 때문이다. 그러나 리더는 모든 관계 회복의 출발점이 하나님과의 관계 회복임을 분명히 한다. 이 질문은 팀원의 가족과 주변 사람, 하나님과의 관계가 어떤 상태인지 알 수 있도록 도와준다. 이 질문을 통해 팀원들은 부모와 하나님과의 관계를 새롭게 만들어나갈 수 있다.

관·련·질·문

- 당신에게 가족은 어떤 의미입니까?
- 당신이 부모님에게 용서를 받고 싶거나 용서를 하고 싶은 일은 무엇입니까?
- 부모님이 주신 사랑 중 가장 기억에 남는 것은 무엇입니까?
- 당신이 오랜만에 만나고 싶은 사람은 누구입니까?
- 당신이 부모님께 가장 해드리고 싶은 것은 무엇입니까?
- 부모님께 실망할 때 또는 감사할 때 당신의 행동은 어떻습니까?

내·가·만·드·는·질·문

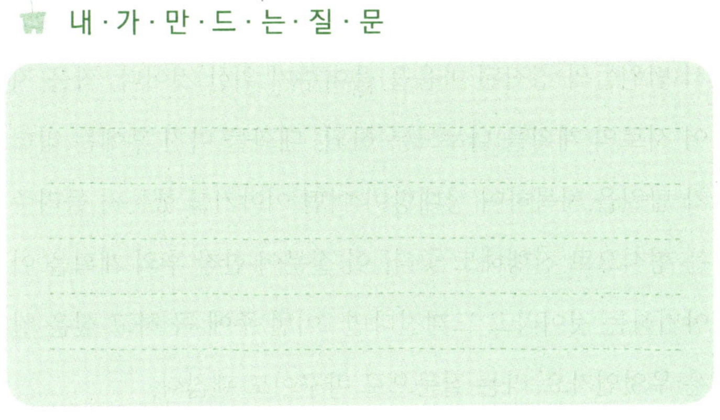

question 3

당신은 자기 감정을 말로 잘 표현하는 편입니까?

자기 감정을 제대로 표현하는 사람은 감정적으로 건강한 상태라고 할 수 있다. 자기 감정뿐 아니라 상대방의 감정도 쉽게 용인할 수 있기 때문이다. 그러나 상대의 마음을 상하게 하고 싶지 않아서 자신의 감정을 솔직히 드러내지 못하는 사람들도 있다. 우리는 말로써 자기 감정을 전달할 때 관계를 발전시킬 수 있는 해결점을 찾게 됨으로 누구든지 자신의 상태나 감정을 말로 표현하는 방법을 배워야 한다. 리더는 이 질문을 통해서 팀원들의 감정 표현 방법을 알 수 있고, 그들이 스스로 건강한 감정 표현법을 생각해 보게 할 수 있다.

관 · 련 · 질 · 문

- 어려움을 당할 때 다른 사람에게 솔직히 고백하고 도움을 요청합니까?
- 당신은 자신의 생각이나 느낌을 쉽게 표현하는 편입니까?
- 당신은 스트레스를 받거나 화가 날 때 그것을 어떻게 알아차립니까?
- 다른 사람이 당신을 무시할 때 어떻게 반응합니까?
- 당신은 다른 사람에게 당신의 기분을 어떻게 표현합니까?
- 당신이 스트레스를 해소할 때 자주 사용하는 방법은 무엇입니까?

내 · 가 · 만 · 드 · 는 · 질 · 문

question 4

최근에 당신에게 용기를 주었던 글이 있습니까?

이 질문을 통해 팀원들이 어떤 책을 통해 어떤 영향을 받고 있는지 살펴볼 수 있다. 용기나 희망, 위로받았던 글을 들어보면 그가 내면적으로 어떤 상태에 있는지 되짚을 수 있기 때문이다. 아울러 자신이 용기를 얻었던 글을 나눔으로써 다른 팀원들에게 용기를 줄 수 있다. 이 질문에서 시작해 자연스럽게 화제를 '설교' 나 '성경읽기' 로 옮겨갈 수 있다. 은혜가 되었던 설교 내용이나 성경말씀을 이야기하면서 팀원들이 하나님의 말씀을 통해 위안을 받도록 하는 것이 중요하다. 이런 나눔을 계기로 소그룹에서 성경통독을 시작하는 것도 좋은 방법이다.

관 · 련 · 질 · 문

- 어려움에 처한 누군가에게 힘이 되는 이야기를 해준다면 어떤 이야기를 하고 싶나요?
- 당신이 자주 인용하는 문구는 무엇입니까?
- 당신의 감정을 전환하기 위해서 생각하는 내용이나 사용하는 말이 있습니까?
- 당신을 인정해 준 말 중, 마음에 남아 있는 말은 무엇입니까?
- 당신의 삶에 변화를 가져다준 성경말씀은 무엇입니까?
- 하나님과 함께하는 삶에는 어떤 기쁨이 있을까요?

내 · 가 · 만 · 드 · 는 · 질 · 문

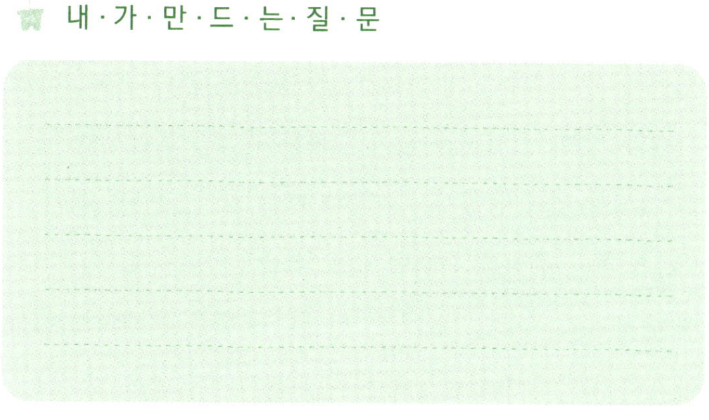

question 5

당신이 용서해야 할 사람은 누구입니까?

마음에 원한을 품고 있는 것은 질병의 근원이다. 우리는 이 문제의 근본적인 해결책이 용서라는 것을 알고 있지만 쉽게 용서하지 못한다. 팀원들은 이 질문에 솔직하게 대답하지 못할 수도 있다. 따라서 리더가 솔직하게 자신의 사례를 이야기함으로써 발문을 열고 나눔을 진행시킨다. 원한이 내면에 쌓이면 모든 관계를 막는다는 사실을 이해할 필요가 있다. "우리가 아직 죄인 되었을 때에 그리스도께서 우리를 위하여 죽으심으로 하나님께서 우리에 대한 자기의 사랑을 확증" 롬 5:8 하셨다는 말씀을 기억하며 하나님의 용서에 대해 묵상하는 시간을 가져도 좋을 것이다.

관 · 련 · 질 · 문

- 누군가에게 용서받은 경험이 있나요? 그때 기분은 어땠나요?
- 당신은 누군가를 미워한 적이 있습니까? 그 미움을 어떻게 해결했습니까?
- 누군가를 미워하면 병들게 된다는 것을 어떻게 생각합니까?
- 건강한 삶을 위해 우리가 가져야 할 마음가짐은 어떤 것입니까?
- 지금 이 순간 용서하기로 결단한 사람은 누구인가요?
- 누군가를 용서한 후의 당신의 모습을 어떻겠습니까?

내 · 가 · 만 · 드 · 는 · 질 · 문

question 6

예수님의 십자가가 당신에게 어떤 의미가 있는지 이야기해 보세요

예수님의 십자가는 기독교 신앙의 핵심이요 그리스도인의 삶의 원동력이다. 따라서 낙담하거나 절망할 때 제일 먼저 주님의 십자가를 떠올리고 힘을 얻어야 하지만, 많은 그리스도인들이 십자가의 의미를 제대로 깨닫지 못해 그 은혜를 등한시하는 경우가 있다. 이 시간을 통해 팀원들은 십자가의 진정한 의미를 다시 한 번 묵상하면서 하나님의 사랑을 생각하고, 그 사랑 가운데서 자신을 재조명하는 은혜를 누릴 수 있다. 또한 예수님께서 감당하신 고난을 생각할 때 자신의 고통은 보잘것없이 작은 것임을 깨달아 힘들고 지친 마음에 잔잔하지만 깊은 위안을 얻을 수 있다.

관 · 련 · 질 · 문

- 하나님은 당신에게 어떤 분입니까?
- 예수님을 처음 영접하였을 때 어떤 결단을 하였습니까?
- 지난 한 달 동안 당신은 어떤 방법으로 그리스도 안에서의 성장을 추구했습니까?
- 당신은 예수님으로부터 어떻게 용서받았습니까?
- 예수님의 십자가를 생각할 때 어떤 느낌을 받습니까?
- 예수님이 주시는 회복은 무엇이라고 생각합니까?

내 · 가 · 만 · 드 · 는 · 질 · 문

question 7

사랑받는다고 느낄 때 어떤 기분이 듭니까?
하나님의 사랑을 생각하면 어떻습니까?

기쁨을 나누는 것은 하나님의 은혜를 받은 사람으로서 마땅히 해야 할 일이다. 상처받은 사람들은 대부분 그 아픔 속에서 헤어나지 못하고 자신의 상처만을 바라보는 경향이 있다. 그런 사람들일수록 자신을 향한 하나님의 사랑이 얼마나 큰지 깨달아야 한다. 또한 다른 팀원들이 받은 하나님의 사랑과 은혜를 들으며 자신도 그런 사랑을 받고 싶다는 동기를 부여받는다면 하나님을 더 열망하게 될 것이다. 소그룹은 전체가 함께 상처받은 사람을 돌보아야 한다. 그렇게 할 때 상처받은 사람은 소그룹 모임을 통해 하나님의 사랑을 경험하게 될 것이다.

관 · 련 · 질 · 문

- 하나님의 자녀로서 살아야 하는 이상적인 모습은 무엇입니까?
- 하나님의 사랑과 은혜를 당신의 말로 어떻게 표현할 수 있나요?
- 하나님의 사랑을 다른 사람들에게 어떻게 전할 수 있나요?
- 어떤 사람을 통해서 하나님의 손길을 느낀 적이 있습니까? 있다면 그 경험을 나누어주십시오.
- 한 주간의 삶을 되돌아봤을 때 하나님의 돌보심이 느껴지는 부분이 있습니까? 어떤 때였습니까?
- 다른 사람들이 받은 은혜를 나눌 때 당신은 어떤 생각을 하나요?

내 · 가 · 만 · 드 · 는 · 질 · 문

무슨 일을 하든지, 불평이나 시비를 하지 말고 하십시오. 그리하여 여러분은, 흠이 없고 순결해져서, 구부러지고 뒤틀린 세대 가운데서, 하나님의 흠없는 자녀가 되어야 합니다. 그리하면 여러분은 이 세상에서 별처럼 빛날 것입니다. 생명의 말씀을 굳게 잡으십시오. 그리하면 내가 달음질한 것과 수고한 것이 헛되지 아니하여, 그리스도의 날에 내가 자랑할 수 있을 것입니다. *빌립보서 2장 14~16절(표준새번역)

5장

공동체에 갈등이 있을 때 어떻게 할까?

당신은 어떤 사람들과 함께 있을 때 편하게 이야기합니까? | 당신이 사람들과 교제할 때 소중히 여기는 것은 무엇입니까? | 오른쪽에 있는 사람의 좋은 점을 한 가지씩 말해 보세요 | 팀원에게 어떻게 도움을 줄 수 있을까요? | 우리가 서로 연결되어 있다고 느끼나요? | 하나님과 어떻게 이야기를 나누나요? | 함께 기도함으로써 변화된 부분이 있다면 이야기해 주세요

question 1

당신은 어떤 사람들과 함께 있을 때 편하게 이야기합니까?

아무리 친밀한 공동체라고 해도 갈등이 생기는 경우가 있다. 리더와 팀원 사이에 갈등이 빚어지기도 하고 팀원들끼리 감정이 상할 수도 있다. 리더는 이 문제를 적절하게 해결해야 한다. 사람과 사람 사이의 관계는 연약한 꽃과 같아서 문제가 없을 때는 아름답지만 작은 상처에도 쉽게 망가질 수 있다. 따라서 작은 오해가 생겼을 때 빨리 풀어야 한다. 리더는 이 질문을 통해 팀원들이 자신의 성향을 생각해 보게 할 수 있다. 그리고 팀원들이 다른 사람들 속에 계신 주님을 발견하여 그들을 존귀하게 대할 수 있도록 이끈다면 갈등의 고리는 쉽게 풀릴 것이다.

관 · 련 · 질 · 문

- 당신은 다른 사람들에게 당신의 솔직한 마음을 어떻게 전달합니까?
- 지금 당신의 기분을 옆 사람에게 설명해 보세요.
- 소그룹 모임에서 어떤 주제로 이야기할 때 친근감을 느낍니까?
- 당신이 이야기할 때 조심하는 것은 무엇입니까?
- 소그룹 모임을 통해 어떤 동역자를 만나고 싶습니까?
- 당신 주변에는 어떤 성향의 사람들이 있습니까?

내 · 가 · 만 · 드 · 는 · 질 · 문

question 2

당신이 사람들과 교제할 때 소중히 여기는 것은 무엇입니까?

갈등이 생기는 이유 중의 하나는 성향과 기질이 맞지 않기 때문이다. 사람들은 저마다의 기준에 따라 친절을 베풀지만 모든 사람이 그 행동을 이해하는 것은 아니다. 친절은 상대방이 원하는 것을 맞추어 주는 것이다. 팀원 각자가 어떤 것을 소중하게 여기는지 나누는 시간을 가짐으로써 서로에 대한 이해의 폭을 넓힐 수 있다. 팀원간에 짝을 지어 이야기를 나눠보도록 하고 그 대화가 끝난 후에 상대방이 소중하게 여기는 것이 무엇인지, 그 일을 실행하기 위해서 어떻게 해야 할지 물어보면 팀원들의 긍정적인 행동 변화를 이끌어낼 수 있다.

관·련·질·문

- 당신은 친구와 사이좋게 지내기 위해서 어떤 일을 합니까?
- 사람들과 지낼 때 불편해도 참을 수 있는 이유는 무엇입니까?
- 당신은 어떤 사람과 소그룹을 이루고 싶습니까?
- 당신은 어떤 역할 모델이 되고 싶습니까?
- 모든 것이 없어져도 끝까지 간직하고 싶은 것은 무엇입니까?
- 불편한 사람과 편한 관계가 되기 위해 어떤 노력을 합니까?

내·가·만·드·는·질·문

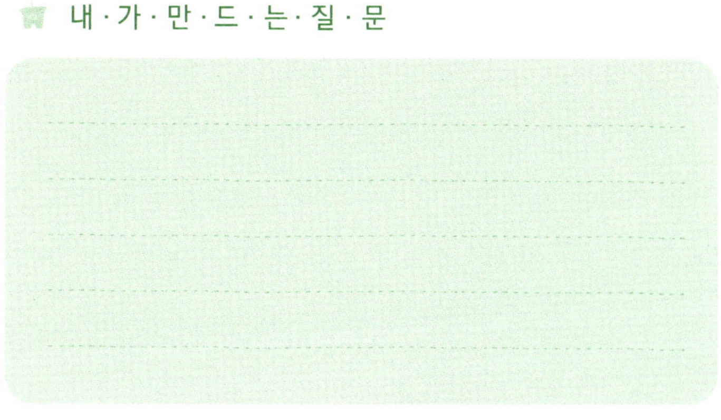

question 3

오른쪽에 있는 사람의 좋은 점을 한 가지씩 말해 보세요

우리는 의도적으로 함께하는 사람들의 좋은 점을 발견해야 한다. 장점을 발견하는 일도 일종의 훈련이다. 이런 훈련을 통해 감정적이고 주관적인 시점에서 객관적인 시점으로 시각을 전환시킬 수 있다. 재미있는 것은, 서로의 장점을 이야기하고 듣는 과정에서 내면의 불쾌한 감정이 긍정적인 언어로 메워진다는 사실이다. 소그룹을 인도하는 리더는 긍정적인 언어가 얼마나 중요한지 잘 알고 있다. 이 질문은 침체된 소그룹 분위기를 활기 있게 만드는 데 효과적이다. 특히 상대방을 칭찬할 때 구체적인 이유를 제시하면 기쁨이 더욱 커진다.

관 · 련 · 질 · 문

- 당신의 장점과 특징을 옆사람에게 설명해 주세요.
- 지난 한 주간 가장 기분 좋았던 일을 옆 사람에게 나누어보세요.
- 순간적으로 느껴지는 옆 사람의 강점을 세 가지만 이야기해 주세요.
- 당신이 최근 팀원 때문에 감동한 일은 무엇입니까?
- 당신이 들어서 기분좋은 별명은 무엇입니까?
- 당신이 사람들의 강점이나 장점을 빨리 파악하는 방법은 무엇입니까?

내 · 가 · 만 · 드 · 는 · 질 · 문

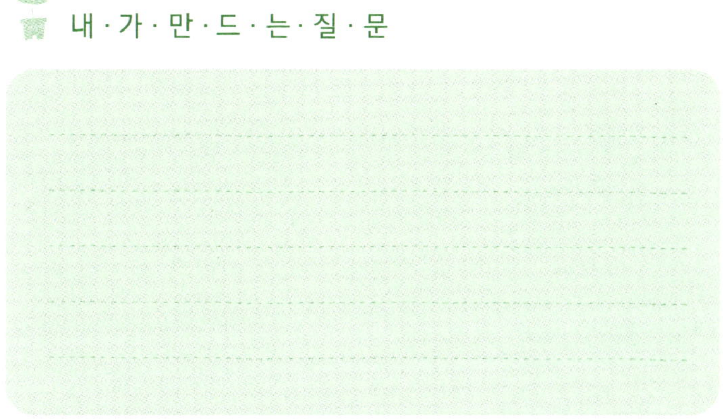

question 4

팀원에게 어떻게 도움을 줄 수 있을까요?

이 질문은 구체적으로 다른 사람을 어떻게 대해야 할지 생각하게 한다. 사람들은 자기와 친한 사람에게만 잘해주는 경향이 있기 때문에 우리가 다른 사람들을 어떻게 대하는지, 어떤 도움을 줄 수 있는지 나누어 보도록 한다. 특히 공동체의 구성원으로서 서로를 위해 어떤 일을 할 수 있는지 자신의 태도를 돌아보면서 더욱 노력하는 계기를 만들 수 있다. 사람마다 하나님으로부터 받은 은사가 다르기 때문에 자신만의 강점으로 다른 사람을 섬긴다면 열매도 기쁨도 모두 커질 것이다. 서로 섬기는 분위기가 형성되면 소그룹은 더욱 따뜻하고 활기찬 모임이 될 것이다.

관 · 련 · 질 · 문

- 오늘 옆에 있는 사람에게 해줄 수 있는 간단한 일 한 가지만 이야기해 보세요.
- 소그룹 전체의 유익을 위해 할 수 있는 일은 무엇입니까?
- 팀원들과 좋은 관계를 유지하기 위해 노력하는 것이 있습니까?
- 당신이 리더라면 이 소그룹을 어떻게 인도하고 싶습니까?
- 당신이 다른 사람에게 받은 도움 중 가장 기억에 남는 것은 무엇입니까?

내 · 가 · 만 · 드 · 는 · 질 · 문

question 5

우리가 서로 연결되어 있다고 느끼나요?

하나의 몸이 각자의 길을 가겠다고 주장할 수 없듯이 하나의 소그룹으로 묶인 그리스도인들은 하나님을 섬기고 서로 한마음 한뜻이 되어야 한다. 소그룹에 문제가 있다면 예수님을 중심으로 한몸의 지체된 우리의 정체성을 상기할 필요가 있다. 고린도전서 12장을 함께 읽고 묵상한 뒤 하나님께서 우리에게 원하시는 바가 무엇인지 나누어 보는 것도 이 질문과 병행할 수 있는 좋은 방법이다. 팀원들에게 언제 서로 하나임을 느꼈었는지 물어보고, 그런 경험을 계속 이어갈 수 있는 방안을 찾아 실천한다면 더 성숙한 모임으로 발전시킬 수 있다.

관 · 련 · 질 · 문

- 우리가 하나의 공동체로서 서로에게 무엇을 해줄 수 있나요?
- 이 모임을 더 풍성하게 만들기 위해 필요한 것은 무엇입니까?
- 이 모임의 하나됨을 지키는 방법은 무엇입니까?
- 이 모임에서 당신이 얻기 원하는 것은 무엇입니까?
- 당신이 이 모임에 매주 참석하는 이유는 무엇입니까?
- 당신은 우리가 하나임을 어떤 순간에 느끼나요?

내 · 가 · 만 · 드 · 는 · 질 · 문

question 6

하나님과 어떻게 이야기를 나누나요?

우리가 하나님 앞에서 충만한 은혜를 누리고 있으면 사람들의 말이나 행동에 큰 영향을 받지 않는다. 싫어했던 사람도 좋아지게 만드는 것이 하나님의 은혜다. 따라서 소그룹 안에 갈등이 있다면 팀원들의 기도생활이 어떠한지 점검해 보아야 한다. 이 질문에 답하는 동안 리더나 팀원 중 몇 사람이 기도를 하면서 얻은 삶의 유익을 나눈다면 다른 팀원이 기도하는 데 동기부여를 할 수 있다. 팀원들 모두가 매일 시간을 정해놓고 기도할 수 있도록 독려하고, 사이가 좋지 않은 팀원들끼리 서로 중보기도할 수 있도록 분위기를 만든다.

관 · 련 · 질 · 문

- 최근 당신의 기도제목은 무엇입니까?
- 당신은 하나님의 축복의 통로로서 어떤 일을 하고 싶습니까?
- 최근에 깊이 기도할 수 있었던 장소는 어디였습니까?
- 오늘 당신의 영적 상태를 어떻게 설명할 수 있습니까?
- 하나님께 지속적으로 기도하고 있는 기도제목이 있나요? 있다면 무엇입니까?
- 쉬지 않고 기도할 수 있는 방법은 무엇인가요?

내 · 가 · 만 · 드 · 는 · 질 · 문

question 7

함께 기도함으로써 변화된 부분이 있다면 이야기해 주세요

매일 정해놓은 시간 동안 기도했는지, 중보기도 과제를 제대로 수행했는지 나누는 시간을 가진다. 하나님은 우리의 기도를 통해 일하시기 때문에 팀원들이 기도생활을 시작했다면 관계의 회복이 일어나기 시작하고 삶에 있어서도 변화가 나타날 것이다. 팀원들이 자신의 상황을 받아들이는 태도가 변하거나, 실제로 팀원간의 문제가 해결되는 등 여러 가지 간증이 나올 수 있다. 특히 중보기도를 하면서 마음의 변화가 생겼다면 그 부분을 이야기하는 것도 좋을 것이다. 리더는 팀원들의 작은 변화라도 격려하면서 지속적으로 기도할 수 있도록 이끌어야 한다.

관 · 련 · 질 · 문

- 당신 자신 이외에 누구를 위해 기도하곤 하나요?
- 동역자를 위해 기도하고 있습니까?
- 당신이 최근에 받은 기도응답은 무엇인가요?
- 기도 중에 성령님을 체험한 경험을 이야기해 주세요.
- 사람들 안에 있는 존귀함을 느낀 때는 언제인가요?
- 기도하지 않고는 견딜 수 없었던 때에 대해서 이야기해 주세요.

내 · 가 · 만 · 드 · 는 · 질 · 문

또 하나님께서 전도의 문을 우리에게 열어 주셔서 우리가 그리스도의 비밀을 말할 수 있게 하시도록, 우리를 위해서도 기도해 주십시오. 나는 이 비밀을 전하는 일로 매여 있습니다. *골로새서 4장 3절(표준새번역)

6장

활기 넘치는 소그룹 만들기

소그룹 모임 중 가장 즐겁고 잊지 못하는 시간은 언제 어떤 활동을 했을 때였나요? | 하나님을 찾는 사람이 소그룹에 온다면 어떻게 맞이하겠습니까? | 소그룹 모임에 초대하고 싶은 사람은 누구입니까? | 복음을 전하는 일이 왜 중요할까요? | 그리스도인으로 영향력 있는 삶을 살기 위해 당신에게 필요한 것은 무엇입니까? | 당신이 닮고 싶은 하나님의 사람은 누구입니까? | 소그룹 모임을 통해서 바뀐 것이 있다면 이야기해 보세요

question 1

소그룹 모임 중 가장 즐겁고 잊지 못하는 시간은 언제 어떤 활동을 했을 때였나요?

소그룹 모임을 더욱 활성화시키기 위해서 팀원들이 좋아하는 활동이 무엇인지 파악하기 위한 질문이다. 다른 소그룹에서 활동했을 때 좋았던 점을 이야기할 수 있도록 편안한 분위기를 만들어주는 것도 리더가 해야 할 일이다. 팀원들마다 좋아했던 활동이 다를 수 있기 때문에 리더는 팀원들의 대답을 기록하거나 기억해 두어야 한다. 다음에 소그룹 모임을 계획할 때 반영해야 하기 때문이다. 소그룹 모임이 기쁘고 만족스러우면 팀원들은 시키지 않아도 믿지 않는 친구나 방황하는 친구들을 소그룹으로 인도할 것이다.

관·련·질·문

- 지금의 소그룹(또는 교회)을 더 좋게 하기 위해서 하고 싶은 일은 무엇입니까?
- 최근 소그룹 모임에서 감동한 일이 있습니까? 있다면 그 일을 이야기해 주세요.
- 즐거운 소그룹 모임을 위해 당신이 할 수 있는 일은 무엇입니까?
- 우리 소그룹의 최고 자랑거리는 무엇입니까?
- 당신은 소그룹 모임 이외에 다른 팀원들과 어떻게 교제를 나눕니까?
- 소그룹에서 실컷 웃었던 순간을 이야기해 주세요.

내·가·만·드·는·질·문

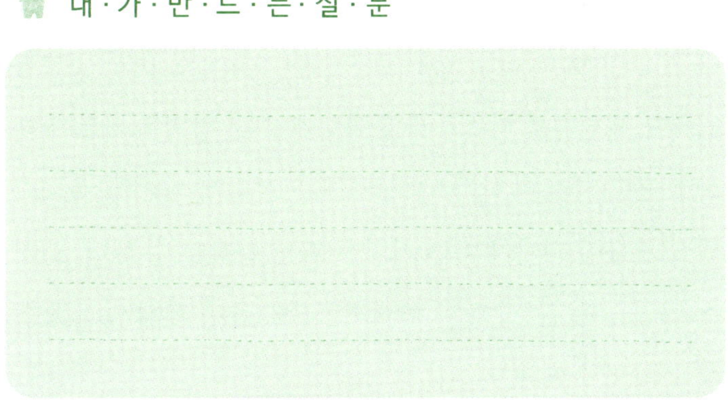

question 2

하나님을 찾는 사람이 소그룹에 온다면 어떻게 맞이하겠습니까?

대체적으로 소그룹에 새신자가 오면 리더와 전도한 사람만 관심을 보인다. 다른 팀원들이 적극적인 관심을 보이지 않는 데는 여러 가지 이유가 있겠지만, 무관심이 그 이유라면 팀원 자신과 소그룹 전체에게도 좋지 않다. 그러므로 리더는 팀원들의 이야기를 들으면서 소그룹 전체가 새신자를 따뜻하게 맞이하기 위한 방법을 나누는 대화로 발전시켜야 한다. 새신자를 친절하게 맞이할 준비가 된 소그룹이 되어야 어떤 사람이 와도 정착할 수 있다. 리더는 팀원들끼리만 모이는 폐쇄적인 소그룹이 되지 않도록 항상 주의해야 한다.

관·련·질·문

- 새신자를 만날 때 느낄 수 있는 거리감을 어떻게 극복할 수 있나요?
- 새신자가 친밀감을 느끼게 해줄 이벤트는 무엇입니까?
- 새신자가 소그룹에 들어와서 정착할 수 있도록 어떻게 도울 수 있습니까?
- 새신자를 맞이하기 위해 소그룹에서 개선할 점은 무엇입니까?
- 당신이 처음 교회 또는 소그룹에서 느낀 즐거움은 무엇입니까?
- 당신이 새신자였을 때 소그룹에 바라던 점은 무엇입니까?

내·가·만·드·는·질·문

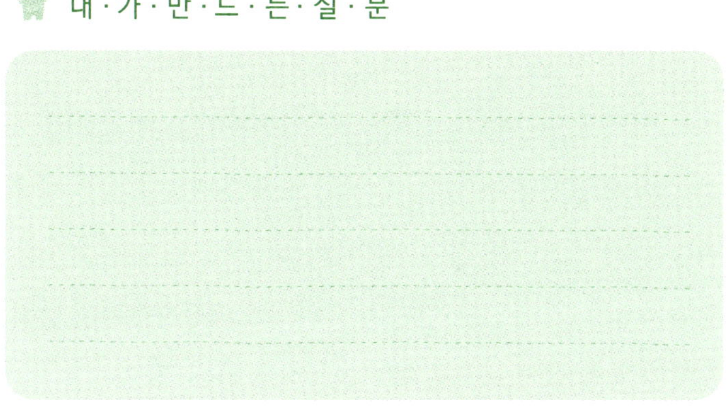

question 3

소그룹 모임에 초대하고 싶은 사람은 누구입니까?

전도는 신앙이 깊은 그리스도인들도 부담스러워하는 일 중 하나이다. 그런 부담을 줄이기 위해서 소그룹이 다함께 전도에 관심을 갖도록 하고 모일 때마다 초대할 사람이 있는지 질문할 필요가 있다. 그러나 꼭 초대해야 한다는 부담감은 주지 말고 영혼을 사랑하는 마음을 더 귀히 여기며 모임을 이끌어간다면 팀원들 마음에 전도에 대한 소망이 일어날 수 있을 것이다. 또한 초대하고 싶은 사람들을 위해 기도하는 것을 잊지 않는다. 소그룹 안에 전도대상자가 있을 경우 그 사람이 누구의 전도대상자이든지 팀원 모두가 힘을 합쳐 소그룹으로 인도해야 한다.

관·련·질·문

- 초대하고 싶은 사람에게 했던 친절한 행동을 이야기해 보세요.
- 회사나 학교에서 하나님께 인도하고 싶은 사람을 위해 어떻게 기도하고 있습니까?
- 소그룹 모임에 초대하고 싶은 사람에게 어떻게 하면 좋을까요?
- 당신이 천국에서 다시 만나고 싶은 사람은 누구입니까?
- 자연스럽고 효과적인 당신만의 전도 전략은 무엇입니까?
- 그리스도인으로서 주위 사람들에게 사랑을 보여주고 있습니까?

내·가·만·드·는·질·문

question 4

복음을 전하는 일이 왜 중요할까요?

이 질문은 하나님의 사람이자 그리스도의 사신으로서 우리가 감당해야 하는 사명을 묻고 있다. 많은 그리스도인들이 하나님의 은혜를 누리면서도 전도의 사명을 망각하고 있다. 하나님은 우리를 세상으로 파송하여 천국 복음의 기쁜 소식을 전하도록 하셨다. 이 일에 예외인 사람은 아무도 없다. 이 질문을 사용해 단순히 전도의 강조에서 끝날 게 아니라 팀원들 한 사람 한 사람의 신앙에 새로운 각성이 일어나도록 해야 한다. 그러한 목적을 달성하기 위해서 자신에게 복음을 전해준 사람에 대한 감사한 마음을 이야기해도 좋을 것이다.

관 · 련 · 질 · 문

- 하나님의 사랑을 모르는 사람들을 어떻게 생각하나요?
- 하나님과 예수님을 전하는 것이 당신에게 얼마나 중요합니까?
- 우리가 비신자를 위해 무엇을 할 수 있습니까?
- 이번 주에 누군가가 예수님을 구주로 영접하는 것을 보고 싶다면 그것은 누구입니까?
- 당신이 처음 하나님을 만났을 때의 기쁨과 감동을 나눠 주세요.
- 소그룹 모임을 통해 효과적으로 복음을 전하는 방법에는 무엇이 있을까요?

내 · 가 · 만 · 드 · 는 · 질 · 문

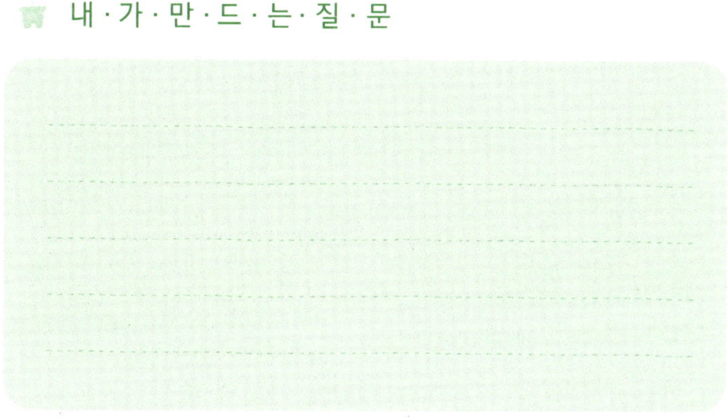

question 5

그리스도인으로 영향력 있는 삶을 살기 위해 당신에게 필요한 것은 무엇입니까?

그리스도인은 세상의 빛과 소금이다. 전도는 우리가 이 역할을 온전히 감당할 때 자연스럽게 이루어진다. 따라서 리더는 먼저 팀원들에게 그리스도인의 영향력이라는 것이 무엇인지, 삶에서 어떻게 나타낼 수 있는지 질문한 뒤에 '영향력 있는 삶을 살아가는데 지금 필요한 것은 무엇인가?' 라는 질문으로 나눔을 확장할 수 있다. 그리스도인의 영향력은 권력이나 돈, 지위가 아니라 예수님과 같은 구별된 삶을 통해서 나타난다. 나눔을 마무리하면서 팀원들 각자가 자신의 삶을 성찰하고 그리스도인으로서의 영향력을 끼칠 수 있도록 기도하는 시간을 가지면 좋을 것이다.

관 · 련 · 질 · 문

- 영적인 전투를 위해 준비하고 있는 것이 있습니까?
- 하나님이 당신에게 주신 장점은 무엇이며, 그것을 어떻게 사용하고 있습니까?
- 약간의 용기가 있으면 완수할 것 같은 일은 무엇입니까?
- 당신이 사람들에게 영향력을 미치는 방법은 무엇입니까?
- 당신이 영향력을 발휘하기 위해 계발할 부분은 무엇입니까?
- 하나님과 동행하는 삶을 살 때와 그렇지 못할 때 세상에 대처하는 당신의 태도는 어떻게 다른가요?

내 · 가 · 만 · 드 · 는 · 질 · 문

question 6

당신이 닮고 싶은 하나님의 사람은 누구입니까?

하나님은 사람을 통해서 일하신다. 특히 성숙한 그리스도인들을 통해서 사랑과 은혜를 베풀어주시는 경우가 많다. 존경하는 사람, 닮고 싶은 그리스도인이 있다면 그들을 통해서 많은 깨달음과 교훈을 얻을 수 있다. 또한 그들을 닮기 위해 노력하다 보면 자연스럽게 영적으로 성숙해지고 다른 사람들에게 좋은 영향을 끼칠 수 있다. 이처럼 닮고 싶은 그리스도인에 대하여 대화를 나눌 때 많은 유익이 있기 때문에 리더는, 팀원들이 신앙적으로 성숙해지도록 고무하고 싶을 때 이 질문을 사용하면 좋다. 아울러 리더 자신이 닮고 싶은 사람이 될 수 있도록 노력해야 한다.

관 · 련 · 질 · 문

- 소그룹의 다른 팀원들에게 배운 것이 있다면 이야기해 보세요.
- 당신에게 가장 큰 영향을 미친 리더는 누구이며 무엇을 배웠습니까?
- 당신이 작은 예수가 되기 위해서 지금 변해야하는 것은 무엇입니까?
- 당신이 영적 성숙을 이루고 싶은 이유는 무엇입니까?
- 다른 사람의 어떤 성품에 매력을 느끼나요?
- 당신이 계발하고 싶은 성품은 무엇입니까?

내 · 가 · 만 · 드 · 는 · 질 · 문

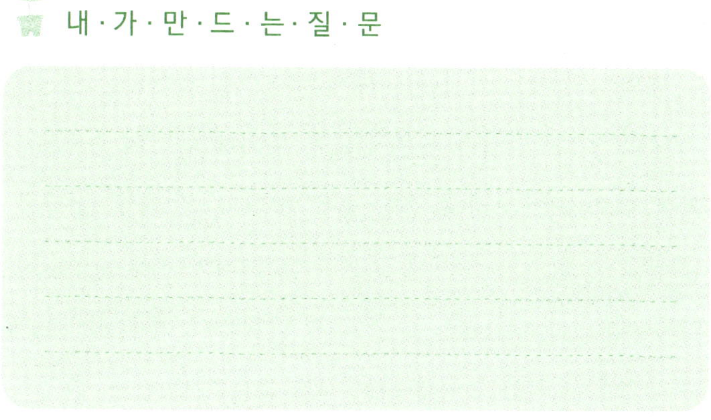

question 7

소그룹 모임을 통해서 바뀐 것이 있다면 이야기해 보세요

이 질문을 통해 서로의 영향력과 소그룹 모임의 중요성, 공동체의 역할이 무엇인지 생각할 수 있다. 팀원들은 자신의 변화에 대하여 감사의 마음을 갖게 되고, 다른 사람의 변화에 대하여 기뻐하고 축하해 줄 것이다. 또한 변화되지 않은 부분에 대해서는 변화될 것이라는 소망을 가질 수 있다. 리더가 작은 선물을 준비해 나누어 줌으로써 작은 변화라도 격려해 주면 좋을 것이다. 감사상, 돌봄상, 용기상 등 팀원의 특성에 맞게 이름을 지어 선물을 준다면 더욱 재미있는 시간이 될 것이다. 팀원들이 다른 사람에게 줄 선물을 마련해 오도록 하는 것도 좋은 방법이다.

관 · 련 · 질 · 문

- 소그룹에서 영적으로 성숙하는 데 도움이 된 것은 무엇입니까?
- 겸손한 마음으로 하나님께 순종했을 때의 유익은 무엇입니까?
- 자신의 영적 성숙을 위해 팀원들이 어떻게 도와주길 원합니까?
- 다른 팀원들이 성장할 수 있도록 도울 수 있는 자신의 방법은 무엇입니까?
- 하나님이 당신을 통해 이루신 하나님의 역사하심을 나누어 주세요.
- 하나님이 당신에게 부어주신 사랑을 고백해 주세요.

내 · 가 · 만 · 드 · 는 · 질 · 문

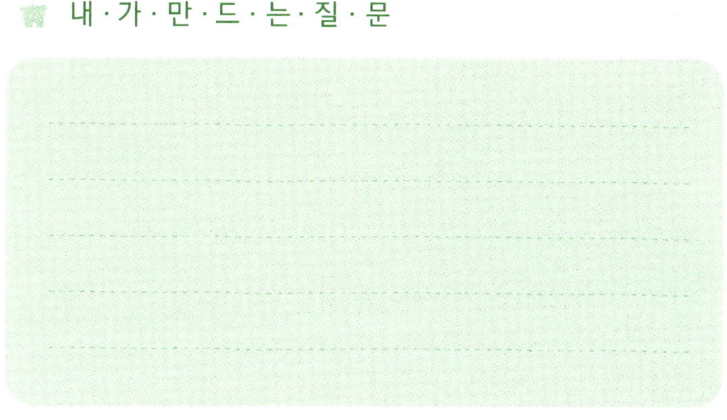

나는 그리스 사람에게나, 미개한 사람에게나, 지혜가 있는 사람에게나, 어리석은 사람에게나, 다 빚을 진 사람입니다. 그러므로 나의 간절한 소원은, 로마에 있는 여러분에게도 복음을 전하는 일입니다. *로마서 1장 14~15절(표준새번역)

7장

스타일에 맞게 질문하기

- 주도적인 성향을 가진 사람에게 다가가기
- 사교적인 성향을 가진 사람에게 다가가기
- 안정적인 성향을 가진 사람에게 다가가기
- 신중한 성향을 가진 사람에게 다가가기

style 1

주도적인 성향을 가진 사람에게 다가가기

주도형으로 파악되는 사람들은 다른 사람의 의견을 듣기보다는 자신의 생각과 의지대로 일을 해나가려는 성향이 강하다. 그래서 때로는 도전적이고 단호하게 보이고, 독재적이며 상대방의 상태를 고려하지 않는 것으로 느껴진다. 주도형은 기질 유형에서도 10% 정도로 가장 적은 비율을 나타내는데, 이들은 사람들을 통제하고 주도하는 지도자적 성향을 띠고 있다. 이들의 특징을 단어로 표현하면, 모험적, 권위적, 과업지향적, 직관력, 활동적, 통솔력, 영향력, 집중력, 낙관적, 성공지향적, 추진력, 열정적, 용감함 등이다. 따라서 이들의 관심사나 열정에 초점을 맞추어 질문하면 그들의 적극적인 참여와 협력을 이끌어낼 수 있다.

관·련·질·문

1. 당신만이 가진 지혜는 무엇이라고 생각합니까?
2. 하나님이 당신에게 주신 재능은 무엇이라고 생각합니까?
3. 당신이 정말로 달성하고 싶은 목표는 무엇입니까?
4. 당신이 도전하고 싶은 기록, 목표는 무엇입니까? 왜 하고 싶습니까?
5. 당신은 꿈을 잊지 않기 위해 어떤 노력을 하고 있습니까?
6. 오늘 당신이 달성할 수 있는 자신 있는 약속 세 가지는 무엇입니까?
7. 당신은 상대방과 마찰이 생길 때 어떻게 행동합니까?
8. 하지 않으면 안 되는 일이 있을 때 당신은 우선 무엇부터 시작합니까?
9. 당신이 하나님 안에서 더 자유하려면 무엇이 더 필요합니까?
10. 당신의 성공 체험은 무엇입니까?
11. 당신은 불안을 해소할 때 어떤 방법을 사용합니까?

12. 당신이 친구에게 가르쳐줄 수 있는 일은 무엇입니까?

13. 당신은 가족에게 어떤 모습을 보여주고 싶습니까?

14. 당신은 사랑하는 사람에게 무엇을 주고 싶습니까?

15. 당신의 일상을 특별하게 바꾸기 위해서 어떤 일을 해보고 싶습니까?

16. 당신은 무엇 때문에 바쁩니까?

17. 당신이 어떻게 되었을 때 성공했다고 말할 수 있습니까?

18. 1억 원이 있다면 어떤 일을 하고 싶습니까?

19. 가정이나 회사의 질서를 잡으려고 할 때 당신이 할 수 있는 것은 무엇입니까?

20. 당신은 당신의 어떤 부분을 강하게 하고 싶습니까?

21. 당신이 최근에 실패한 것은 무엇입니까?

22. 극복하지 않아도 되는 당신의 약점은 무엇입니까?

23. 당신이 생각하기에 현재 잘하는 일은 무엇입니까?

24. 당신의 꿈을 방해하는 것은 무엇이고, 그것을 어떻게 해결합니까?

25. 지금 당장 어떤 일을 하면 당신의 삶이 가장 크게 개선될 것이라고 생각합니까?

26. 당신은 어떻게 상대를 놀라게 합니까?

27. 당신이 가진 것 중에서 더 많았으면 하고 바라는 것이 있다면 무엇입니까?

28. 당신의 삶에 가장 큰 영향을 끼친 사람은 누구일까요? 왜 그렇게 생각하나요?

29. 당신이 기회를 주고 싶은 사람은 누구입니까?

30. 당신이 상대방의 본심을 알고 싶을 때 하는 가장 짧은 한마디는 무엇입니까?

style 2

사교적인 성향을 가진 사람에게 다가가기

사교형으로 파악되는 사람들은 공부나 일보다는 대인관계에 더 큰 흥미를 가지고 있다. 특히 이들이 지닌 설득력 있고 흥미로운 대화 기술은 많은 친구들이 이들을 따르게 하는 중요한 기술이기도 하다. 사교형은 다른 사람들과 친밀한 교제를 나누기를 원하기 때문에 대체적으로 친절하고 누구와도 쉽게 사귄다. 늘 새로운 것에 대한 관심과 새로운 아이디어가 풍부하며, 사람들에게 감동을 준다. 사교형은 봄의 사람들이어서 어떤 사람에게든지 자신의 따뜻함을 드러낸다. 그들의 장점을 단어로 표현하면, 활동적인, 정열적인, 낙천적인, 설득력, 자발적인, 온화한, 사교적인, 매력적인, 예술적인, 용서를 잘하는, 상대를 배려하는, 분위기 메이커, 친절함 등이다. 이들의 낙관적인 성향이 극대화되어 소그룹에 긍정적인 영향을 미치도록 독려한다.

관·련·질·문

1. 당신다운 것은 무엇입니까?
2. 최근 감동한 이야기는 무엇입니까?
3. 장기휴가를 받으면 무엇을 하겠습니까?
4. 요즘 새로운 아이디어나 재미있는 일은 무엇입니까?
5. 당신은 당신 안에 있는 어떤 행복을 사람들에게 나누어주고 싶습니까?
6. 당신에게 행복한 생활은 어떤 생활입니까?
7. 친구와 이야기할 때의 화제는 무엇에 대한 것이 많습니까?
8. 당신에게 청춘이란 무엇입니까?
9. 요즘 당신의 관심을 끄는 것은 무엇입니까?
10. 당신은 어떤 장면에서 상대방의 행동을 흉내내고 싶습니까?
11. 최근 관심이 가는 연예인은 누구입니까?
12. 당신은 어색함을 깨기 위해서 무엇을 합니까?

13. 당신은 어떤 메시지가 오면 기쁩니까?

14. 당신이 무인도에 남게 된다면 무엇을 하겠습니까?

15. 긴장을 푸는 방법은 무엇입니까?

16. 당신은 자신을 제외한 다른 것에 어떻게 돈을 사용하고 있습니까?

17. 당신이 주로 함께 시간을 보내는 사람들은 어떤 유형의 사람들입니까?

18. 당신은 교회에서 어떤 일을 섬기고 있습니까? 왜 그 일에 헌신합니까?

19. 당신을 한층 더 세련되게 보이게 하려면 어떻게 해야 합니까?

20. 상대방에게 전하기 어려웠던 말은 무엇입니까?

21. 최근에 당신이 시도해보고 싶은 흥미로운 레포츠는 무엇입니까?

22. 당신은 새신자에게 어떤 말로 이야기를 시작합니까?

23. 좀더 의식적으로 하고 싶은 일이 있습니까? 무엇입니까?

24. 당신이 존경하거나 좋아하거나 부러워하는 사람의 특징은 무엇입니까?

25. 하나님에 대해서 사람들에게 이야기한 것이 가장 최근에 언제입니까?

26. 당신은 사람들에게 하나님을 이야기할 때 주로 어떤 주제로 이야기를 합니까?

27. 기분이 좋지 않을 때 회복 방법은 무엇입니까?

28. 당신은 어떤 일에 열정이 있습니까?

29. 당신의 삶에서 더 큰 재미를 느낄 수 있는 방법은 무엇입니까?

30. 지금 당장 할 수 있는 일 중에 당신에게 진정한 기쁨을 주는 일은 무엇입니까?

style 3

안정적인 성향을 가진 사람에게 다가가기

안정형의 특성을 가진 사람들은 주어진 환경에 순응하여 꾸준하고 성실하게 일을 해나가며, 다툼과 갈등을 싫어하고 평화주의자다운 성향을 가지고 있다. 따라서 이들은 평화를 위해 기꺼이 봉사하고 자원한다. 안정형은 행동이 느리고 조용하기 때문에 남의 일에 빨리 반응하지 않아 차가운 사람처럼 보이기도 하지만, 근본적으로 따뜻한 성품을 지니고 있다. 이들은 갈등을 싫어하고 압박받는 분위기를 두려워한다. 이 성향의 장점을 단어로 표현하면, 온화한, 남의 말을 잘 들어주는, 협동적인, 외교적인, 안정적인, 친절한, 양심적인, 인내심이 강한, 실제적인, 진지

한, 믿을 만한, 효율적인, 유연한, 성실한, 실용적인, 사려 깊은, 차분한, 꾸준한, 감정을 억제하는, 순수한, 예민함 등이다.

관·련·질·문

1. 당신이 가진 것 중에 소중히 여기는 것은 무엇입니까?
2. 당신에게 의지가 되는 사람은 누구입니까?
3. 어떤 직종에서 근무하고 싶습니까?
4. 돈을 지출하지 않고 즐길 수 있는 일은 무엇입니까?
5. 당신은 당신이 겸손한 사람이라고 생각합니까? 왜 그렇게 생각합니까?
6. 당신이 해결할 수 없다고 느끼는 문제는 무엇입니까?
7. 당신의 전문분야는 무엇입니까?
8. 당신은 '성공과 포상' '안정' 중 어느 쪽에 더 관심이 많습니까?
9. 조금 불편해도 참을 수 있다고 생각되는 것은 무엇입니까? 왜 참을 수 있습니까?
10. 아무도 하지 않았기 때문에 당신도 하지 않았던 일이 있습니

까? 무엇입니까?

11. 오랫동안 만나지 않은 사람 중에 만나고 싶은 사람이 있습니까? 누구입니까?

12. 좋아하는 음식(옷, 친구, 장소 등)은 무엇입니까?

13. 당신이 헷갈려 하는 말은 무엇입니까?

14. 당신은 기다리는 편입니까, 기다리게 하는 편입니까?

15. 당신을 필요로 하는 사람은 어떤 사람입니까?

16. 약간의 용기가 있으면 완수할 것 같은 일은 무엇입니까?

17. 노력해서 익숙해지고 싶은 기술이 있다면 그것은 무엇입니까?

18. 당신이 좋아하는 일은 무엇입니까?

19. 당신이 포기하는 게 있다면 그 이유는 무엇입니까?

20. 최근에 하나님을 충만하게 느낀 적이 있습니까? 언제입니까?

21. 하나님께 받은 은혜 중에 나누고 싶은 것을 이야기해 주세요.

22. 당신 앞에는 어떤 벽이 가로막혀 있습니까?

23. 당신은 어떤 사람과 소그룹을 이루고 싶습니까?

24. 실패가 무서워 내딛지 않은 것이 있다면 무엇입니까?

25. 세상과 타협하고 있는 것이 있다면 무엇입니까?

26. 하나님의 사랑을 삶의 어떤 부분에서 실현하고 있습니까?

27. 삶을 뒤돌아볼 때 가장 잘한 선택은 무엇입니까?

28. 마음을 나누고 있는 친구가 있습니까? 왜 그 친구에게 특별하게 마음을 전하고 있습니까?

29. 당신이 사모하는 영적인 능력이 있습니까? 왜 그 능력을 특별히 사모합니까?

30. 사랑하는 사람들에게 당신이 해줄 수 있는 가장 큰 선물은 무엇입니까?

style 4

신중한 성향을 가진 사람에게 다가가기

신중형의 특성을 가진 사람들은 원칙주의자이고 신중하며, 자신이 납득할 수 있도록 설명해 주지 않으면 움직이지 않는다. 경험하지 않은 것을 쉽사리 믿지 않으며, 돌다리도 몇 번씩 두드린 후 건너는 경향을 보인다. 신중형은 타인과 자신에 대한 기대치가 높아서 남의 실수를 용납하지 못하며 자신의 불완전함에 대해서도 스스로 학대하는 경향이 있다. 민감하고 섬세한 감각을 지녔기 때문에 위대한 예술가들이 많이 배출되고, 법이나 철학과 같은 이론적인 분야에서 탁월성을 발휘해 나라의 근간을 세운 인물이 많다. 장점을 단어로 표현하면, 분석적인, 예술적인, 원칙적인, 세부적인, 충성스러운, 예민한, 완벽한, 자존감이 높은, 창의성이 강한, 이지적, 신중한, 과묵한, 도덕적인, 성실한, 논리적인, 질적 가치를 중시하는, 보수적인 등이다.

관·련·질·문

1. 당신에게 '인생이란' 어떤 의미입니까?
2. 당신이 버리고 싶은 선입견은 무엇입니까?
3. 기록하기보다 기억해 두고 싶은 일은 무엇입니까?
4. 당신이 지나치게 고민했던 일은 무엇입니까?
5. 하나님께 예배드릴 때 당신이 특별히 준비하는 것은 무엇입니까?
6. 당신은 영적 성장을 위해 어떤 계획을 가지고 있습니까?
7. 예수님을 위해 한 가지만 할 수 있다면 무엇을 하겠습니까?
8. 지금까지의 당신의 신앙 여정을 어떻게 설명할 수 있습니까?
9. 당신이 오늘을 좀더 효과적으로 보내려면 무엇을 의식해야 합니까?
10. 교회나 소그룹에 기여할 수 있는 것은 무엇입니까?
11. 교회나 소그룹이 체계적으로 운영될 수 있는 방안은 무엇이라

고 생각합니까?

12. 더 이해하고 싶고 알고 싶은 것은 무엇입니까?

13. 당신이 올해 안에 버리고 싶은 것은 무엇입니까?

14. 상대방에게 기쁨을 주기 위해 조심하는 것은 무엇입니까?

15. 하나님을 기쁘게 하기 위해 조심하는 것은 무엇입니까?

16. 애정을 가지고 기르거나 만들고 싶은 것이 있습니까? 그것은 무엇입니까?

17. 시작하기를 주저하고 있는 일이 있습니까? 그것은 무엇입니까?

18. 알고 있지만 순종하지 못하는 일이 있습니까? 무엇입니까?

19. 당신의 삶 중에서 규칙적으로 하는 일은 무엇입니까?

20. 존경하는 목회자는 누구입니까? 왜 그분을 존경하나요?

21. 당신이 가진 것 중에서 하나님께 드린다면 무엇을 드리고 싶습니까?

22. 당신이 죽은 뒤 자녀에게 남기고 싶은 가장 중요한 자산은 무엇입니까?

23. 당신에게 하나님이 변화시켜 주시기를 바라는 성품이 있다면 무엇입니까?

24. 당신이 직장이나 가정에서 도움을 주는 때는 언제입니까?

25. 당신이 환하게 웃는 때는 언제입니까?

26. 당신이 해결할 수 없는 일에 맞닥뜨렸을 때 어떤 반응을 보입니까?

27. 하나님을 직접 만나면 당신은 어떤 이야기를 하고 싶습니까?

28. 당신이 사람들에게 쉽게 줄 수 있는 도움은 무엇입니까?

29. 원했던 일이 이루어졌을 때 당신은 어떤 행동을 보입니까?

30. 당신이 생각하는 사랑은 무엇입니까?

즐거운 분위기 만들기(레크리에이션과 게임)

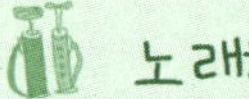

노래하며 손뼉치기

리더는 팀원들과 사전에 약속을 한다. 노래하며 옆 사람과 오른손으로 손뼉을 치던 중 리더가 '하나' 하면 오른손으로 자기 손뼉 한 번 오른쪽 친구의 왼쪽 손을 한 번씩 치도록 한다. '둘' 하면 두 번씩 짝짝, '셋' 하면 짝짝짝 치도록 한다. 리더는 한 번, 세 번, 두 번 등 자주 바꿔주도록 한다.

물종이 연지곤지

준비: 작게 조각난 신문지 30개, 물이 든 종이컵

각 팀에서 2명씩 앞으로 나오게 하여 물 먹인 종이를 이마와 양 볼에 하나씩 붙여준다. 리더의 신호소리와 함께 이것을 가장 빨리 떼는 사람이 승리하게 되며 손으로 떼거나 머리를 흔들면 반칙이다. 물종이를 떼기 위해서는 얼굴을 찌푸려야 하고 기괴한 표정들을 지을 수밖에 없는데 이것을 보는 관중들은 너무나 재미있어 한다. 춤을 춰서 떨어뜨려도 재미있다.

그림퀴즈 맞추기

준비: 보드, 펜

이 게임은 조별로 이루어진다. 각 조별 조장을 앞으로 나오게 한 뒤, 리더가 다른 팀원들은 모르게 열 가지 정도의 그림 제목을 전달해 준다. 이때 앞에 나온 사람은 3분 내에 리더가 제시한 제목의 그림을 하나씩 그려 가고 팀원들은 이를 보고 알아맞힌다. 이때 맞히지 못하면 다음 그림으로 넘어간다.

자기소개하기

빙둘러 앉아 자기소개를 한다. 자기소개를 할 때 반드시 자신의 특징을 덧붙힌다. 예를 들어, 〈나는 성격 좋은 김철수입니다〉, 바로 옆사람은 〈나는 성격 좋은 김철수 옆에 아름다운 이영희입니다〉, 또 바로 옆 사람은 〈나는 성격 좋은 김철수 옆에, 아름다운 이영희 옆에 깜찍한 김은미입니다〉, 이러한 식으로 계속 진행하는 게임이다.

노래제목 외치기

5명 정도 앞으로 나오게 하여 노래제목을 가지고 글자 순서대로 한 자씩 큰소리로 말하는 게임으로 끝까지 틀리지 않고 가장 빨리 읽은 사람이 승리하게 된다. 예를 들면, '아주 먼 옛날'이면 먼저 크게 '아' 하고 그 다음은 보통소리로 '주 먼 옛날'을 말한다. 이와 같은 방법으로 끝 글자인 '날'까지 말한다. 이러한 게임은 남녀노소 누구나 쉽게 즐길 수 있다.

끝말 이어가기

말 그대로 끝말을 이어가는 게임이다. '사장-장기-기술' 하지만 이 방법만 사용하면 지루함으로 세 글자의 중간 단어 이어가기 게임을 해도 재미있다. '지중해-중국어-국사봉-사나이-나이테'로 연결된다. 또 연상단어 이어가기도 있다. '길다-바나나-원숭이-장난꾸러기-개그맨-방송국'으로 이야기할 수 있다. 마지막으로 고사성어 말하기이다. '사필귀정-고진감래-우이독경' 등 고사성어를 연이어 말하는 게임이다.

야채장수

리더가 야채장수를 팔고 있는 물건들을 한 가지씩 말할 때 팀원들은 손뼉을 한 번씩 치고 그 외의 것을 말할 때, 예를 들면 멸치, 된장, 고추장, 딸기잼 등에는 손뼉을 치지 않는 게임이다. 야채장수 외에 생선장수, 과일장수로 바꿔 해도 된다.

상하좌우 손뼉치기

두 사람이 서로 마주 앉아 노래를 부르면서 손뼉을 치는 게임이다. 남자는 상하로 여자는 좌우로 번갈아가며 연속 치는데 서로 부딪치지 않게 박자에 맞춰 잘 쳐야 한다. 리더는 중간에 '바꿔'를 자주 하여 서로의 박수 방향에 혼란을 준다. 그러면 대부분의 참가자들이 혼란스러워 서로의 손을 치고 만다. 매우 재미있는 게임으로 '바꿔' 를 다른 말로 바꿔도 좋다.

《소그룹을 살리는 아이스브레이커》를 만들며 다음의 책들을 인용하였습니다.

정진우, 《코칭리더십》, 아시아코치센터, 2008
랜들 네이버, 《아이스브레이커》, 도서출판 NCD, 2002
홍광수, 《관계》, 아시아코치센터, 2007
조엘 코미스키, 《사람들이 몰려오는 소그룹 인도법》, 도서출판 NCD, 2003
우수명, 《성품의 리더가 세상을 바꾼다》, 도서출판 NCD, 2006
랄프 네이버, 새로운 삶 시리즈 《새로운 삶의 실천》, 도서출판 NCD, 2000
랄프 네이버, 새로운 삶 시리즈 《셀인턴 가이드》, 도서출판 NCD, 2001

소그룹을 살리는 **아이스브레이커**

초판 1쇄 펴낸 날 2009년 10월 16일
초판 4쇄 펴낸 날 2014년 7월 18일

지은이 정진우
펴낸이 우수명
펴낸곳 도서출판 NCD

등록번호 제 129-81-80357호 등록일자 2005년 1월 12일
등록처 경기도 고양시 일산구 장항동 578-16 나동

ISBN 978-89-5788-132-3

도서출판 NCD
주소 서울시 강남구 테헤란로 25길 30 4층 (역삼동, 한라빌딩)
주문 영업부 (일산) 031-905-0434, 0436 팩스 031-905-7092
본사 편집부 (강남) 02-538-0409, 3959 팩스 02-566-7754
한국 NCD 지원 · 코칭 02-566-7752 팩스 02-566-7754
NCD몰 www.NCDMall.com